きょうは、
いくつ
おぼえられるの
かな？
カチャッ
はじまる

こども ことば つかいかた 絵じてん

増補新装版

金田一春彦 監修　三省堂編修所 編

三省堂

はじめに

この絵じてんの特長と使いかた

この「ことばつかいかた絵じてん」では、ことばのひとつひとつに語釈をつけていません。ことばの意味を語釈を読んで覚えることが目的ではなく、場に応じた使いかたを絵を見ながら自然に身につけてほしいからです。毎日の生活のなかで使うことばを、さまざまな場面にちりばめ、その使いかたを示した「ことばつかいかた絵じてん」です。場面を楽しみながら、お子様のことばを広げてあげてください。

1 動詞・形容詞を中心とした約3000語を収録

幼児が6歳までに習得するといわれる約2800語のなかから、動詞・形容詞を中心に選び出し、その活用形や派生語・類語・同音異義語なども含んだ約3000語を収録しました。ことばの基礎的な意味が理解できるだけでなく、場に応じた多様な使いかたが自然に身につきます。

2 テーマ別にことばを集めた絵本のような展開

幼児に理解しやすいように、各テーマに関連の深いことばをひとつの場面に集めるよう配慮しました。また、幼児の日常生活を中心とした、身近な場面をイラストにしてありますので、親しみやすく、ことばと経験が結びつきます。また、1場面を1見開き（2ページ）としたことで、絵本を読むように、楽しみながらことばを覚えることができます。

グループわけ

取り上げたことば（各ページのタイトル＝テーマ）を、時間や場所、機能、概念などの点から、グループわけしてあります。たとえば、1章では「いちにちのくらし」「みんなであそぼう」「たのしいようちえん」「おでかけだいすき」「げんきなからだ」「てんき・きせつ」などのグループにわけました。

タイトル

そのページのテーマとなることばをタイトルにしています。1章では幼児の日常生活の場面別タイトルとなっています。2章のタイトルになっていることばは、広い意味を持つことばで、幼児にとって必要なものだけを厳選してあります。3章ではようすをあらわすことば（形容詞・形容動詞）がタイトルです。

リード文

各テーマ（タイトル）にそって、短いリード文が入っています。ここでは、この本を辞典として使うだけでなく、絵とことばを見て楽しんだあとに、さらに絵の中で何かをさがしたり、幼児に日常生活の中でも何かをしてみようという呼びかけをするなどの、「遊び」の提案をしています。これをヒントに、この本をさらに発展的に使って下さい。

おうちの方へ
食事の後片づけは、子どものお手伝いでも日常的なものですね。「手をふく」の「ふく」は、「皿や机をふく」という場合にも使うことを教えてあげて下さい。汚れや水気を取るという意味になります。
ふく
かたづける
しまう
ふく
あらう
あわをながす
おく
みずをながす

おうちの方へ

取り上げたことばについて大人むけに解説したコーナーです。ページ内で掲載できなかった関連語や類語についてもできるかぎり触れました。これをヒントに、幼児に「こんな時はこう言うよ。」などと話してあげてください。

ことばの用例

ひとつのテーマの中で取り上げたことばは、2語から20語です。中でもとくにたいせつなテーマは、少ないことば数でページを構成しています。反対に、より有機的なことばの理解のために、たくさんの用例を取り上げたページもあります。

3 日常生活のなかで実際に使えることばが身につく

1章は幼児の日常生活にそくした場面展開となっています。取り上げたことばは動詞を中心としています。

例えば、**「ごはんをつくる」**というページでは、**「ごはんをつくる」**の具体例として、**「きざむ・いためる・ごはんをたく・きる・やく…」**などのことばを掲載しています。また、**「ふくをきる」**というページでは、**「きる」**に関連した**「はく・ぬぐ・はおる・ボタンをかける・はずす…」**などのことばを掲載しています。

「おきる」というページでは、**「あさ、おきる」**から連想される**「ひがのぼる・めをさます」**などのことばを取り扱いました。

幼児が体験しうる身近なシーンをテーマにした絵を見ながら、その具体的な例文や関連語を自然に身につけることができます。

また、**「あいさつする」「でんわをする」**のページでは、実際の話しことばをふんだんに使って、さらに、ことばの使いかたや意味を補足しています。**「いえにまねく」「ふくをつくる」**のページで取り上げたことばは、幼児が直接行動することがらだけではありませんが、大人の様子を見聞きする機会のあることばとして、取り上げています。

4 大人むけ解説コーナー「おうちの方へ」をテーマごとに

どのような意図で各場面のことばを取り上げたか、ページ内に掲載できなかったその他の関連語や類語、幼児の間違えやすいポイントなどに留意して解説したコーナーです。お子様にことばの意味や使いかたを教える際のヒントとして使っていただけます。

ことばの横の広がりを絵で解説

2章は動詞を中心に、微妙な意味の違いを持つことばを、各テーマごとに1場面に集めました。

　例えば、**「とぶ」**というページでは、派生語（**「とびまわる」「とびこむ」「とびあがる」**など）、類語（**「まう」「はばたく」**など）を取り上げました。**「かける」**というページでは、同音異義語（**「ぼうしをかける」**、**「ふとんをかける」**、**「アイロンをかける」**、**「おんがくをかける」**、**「かぎをかける」**）などを取り上げています。

　ほかにも、立場が変わると変化することばなど、ひとつのことばの変化形の持つ微妙な意味の違いを、幼児にわかりやすい絵であらわし、的確なことばの選択ができるようにします。

　この章は、さらに次のような3つのグループにわかれています。

●**うごきのことば**…ここではおもに、からだの動きや気持ちの動きに関することばがテーマになっています。

「たつ・すわる」というページでは、**「たつ」**の派生語の**「たちどまる」**や**「たちあがる」**、同音異義語の**「せきをたつ」**、**「すわる」**の類語の**「こしかける」**や**「せいざをする」**などを掲載しました。

「わらう」「なく」「おこる」というページでは、さらに**「にっこりわらう」「しくしくなく」**など、さまざまな笑いかたや泣きかた、怒りかたをあらわすことばも取り上げ、幼児が感情について理解できるようつとめました。

「きもちのうごき」というページでは、**「きがつく」**のように、**「気に～・気が～・気を～」**などのことばを集めました。幼児が頭で理解するのはむずかしいことばですが、日常生活ではよく使うことばですので、機会あるごとにくりかえし教えてあげましょう。

　また、**「どうぶつのうごき」**のページでは、動物の動作に使ういいかたを中心に取り上げています。**「そだつ」**のページでは、人間の一生にテーマをしぼっています。**「かおのうごき」**のページでは、目・鼻・口の動きのことばや**「め・はな・くち」**ということばを使った慣用句的ないいかたを掲載しました。慣用句的な使いかたは、幼児に説明するのはむずかしいことばですが、絵とあわせて見ると理解しやすいでしょう。

●**～することば・～されることば**…ここではおもに、動作を行う人の立場によって変化することばに着目しました。

「ほめる・ほめられる」のページでは、**「ほめる」**ということばが、立場が変わると受動形の**「ほめられる」**になるということが1場面のなかで比較できます。

「あずける・あずかる」のページでは、立場が変わることでことばも変化する例をいくつかあげ、比較することができるようにしました。

　また、**「ぶつける・ぶつかる」「たすける・たすかる」「こわす・こわれる」「みつける・みつかる」**のページでは、動作とその結果のことばの組み合わせを含む

構成になっています。

●**おなじだけどちがうことば**…ここでは、間違えやすい同音異義語をたくさん持つことばのうち、代表的なものを集めています。「**みる**」のページでは、「**ゆめをみる**」「**テレビをみる**」「**めんどうをみる**」「**ようすをみる**」「**かんじゃ（患者）をみる**」などを取り上げています。１場面のなかに、幼児でも使う代表的な用例を集めてあります。音（アクセント）や漢字の違いなどによって、まったく異なる意味になってしまうことばのおもしろさを楽しめます。

6

ことばの縦のつながりを絵で解説

３章は、物や人の様子をあらわす形容詞を中心に取り上げました。幼児にとって、形容詞は、そのことばひとつだけ取り出して理解しようとするより、物の名前（名詞）などといっしょにしたほうが、覚えやすいことがあります。この章では、できるだけ前後にことばをつなげるよう配慮しました。また、ひとつの形容詞が名詞を修飾した時の、ことばのつながりかたや語尾の変化が理解しやすいように各場面をまとめてあります。

例えば、「**あかい**」というページでは、「**あかいりんご**」「**まっかなたいよう**」「**ほおをあからめる**」「**あかいふくのサンタクロース**」「**まっかになる**」などのことばを掲載しています。「**あかい**」とその前後につくことばのつながりかたやことばの変化を、身につけることができます。

「**つるつるの**」というページでは、「**つるつるの**」のほか、類語の「**すべすべの**」、反対の意味の「**ざらざらの**」、語尾が変わって「**つるつるした**」などのいい方もあげました。

「**どろんこの**」というページでは、「**どろんこのこ**」のほかに「**どろだらけになる**」「**どろどろのぬかるみ**」「**どろんこであそぶ**」など、ことばが変化していく例をあげています。

「**ぐらぐら**」というページでは、動詞の前について「**ぐらぐらゆれる**」、名詞の前について「**ぐらぐらしたテーブル**」などの表現を比べています。

この章は、幼児にも理解しやすい、色・形・音・匂い・味というグループわけのほかに、暑さや寒さなどの体感や触感（どんなかんじ?）・身なりや外見・物や人などの様子・物の性質（どうみえる?）・人の感情や性格（どんなきもち?）・物や人に対する認識や概念（どうおもう?）などのようなグループわけもしています。形容詞は、多少主観的なとらえ方もでき、ことばだけでは、幼児にとっては理解のむずかしい品詞です。前後にことば（名詞）をつなげることと、絵とあわせて見ることによって、少しずつ、ことばの持つ意味を理解していくことができます。

7

ことばを対にして覚えられる反対語だけを集めたコーナー

4章では、1章から3章のなかで取り扱ったおもなことばを、角度を変えてまとめてあります。そのひとつが反対語ばかりを集めたページです。形容詞を中心に、**「うえ↔した」「まえ↔うしろ」「おもて↔うら」「なか↔そと」**など、幼児にもっとも身近でありながら間違えやすい反対語ばかりを取り上げています。

例えば、**「あつい↔うすい」**というページでは、**「あついパン」「うすいパン」**のように、ものを使って反対語をあらわすだけでなく、**「あつくきる」「うすくきる」**のような語尾が変化する例、**「あついゆうじょう」「かんしんがうすい」**などのような意味や使いかたが違う例など、幅広く盛り込んであり、さまざまな比較のしかたができるようになっています。

8

幼児にむずかしい、文をつなぐことばを集めたコーナー

ふたつめでは、文をつなぐことばとしての、助詞その他を扱いました。幼児にとって、助詞（てにをは）をじょうずに使いこなすのはむずかしいため、助詞だけに焦点をしぼったページを用意しました。

また、**「もし〜」「けれど〜」**のページでは、仮定の意味をもつ文や途中で流れの変わる文などを取り上げました。

「さししめすことば」のページでは**「こ・そ・あ・どのつくことば」**の区別が楽しく身につくように配慮しました。

9

ことばへの興味を広げることばあそびのコーナー

みっつめのまとまりとして、ことばあそびのページを設けました。同音異義語のクイズ、**「〜ない」「〜する」**ということばのあそび、変化することばのめいろ、そしてさいごに幼児にいちばん覚えてほしい、あいさつやお礼のことばのページを設けています。繰り返し遊んであげてください。

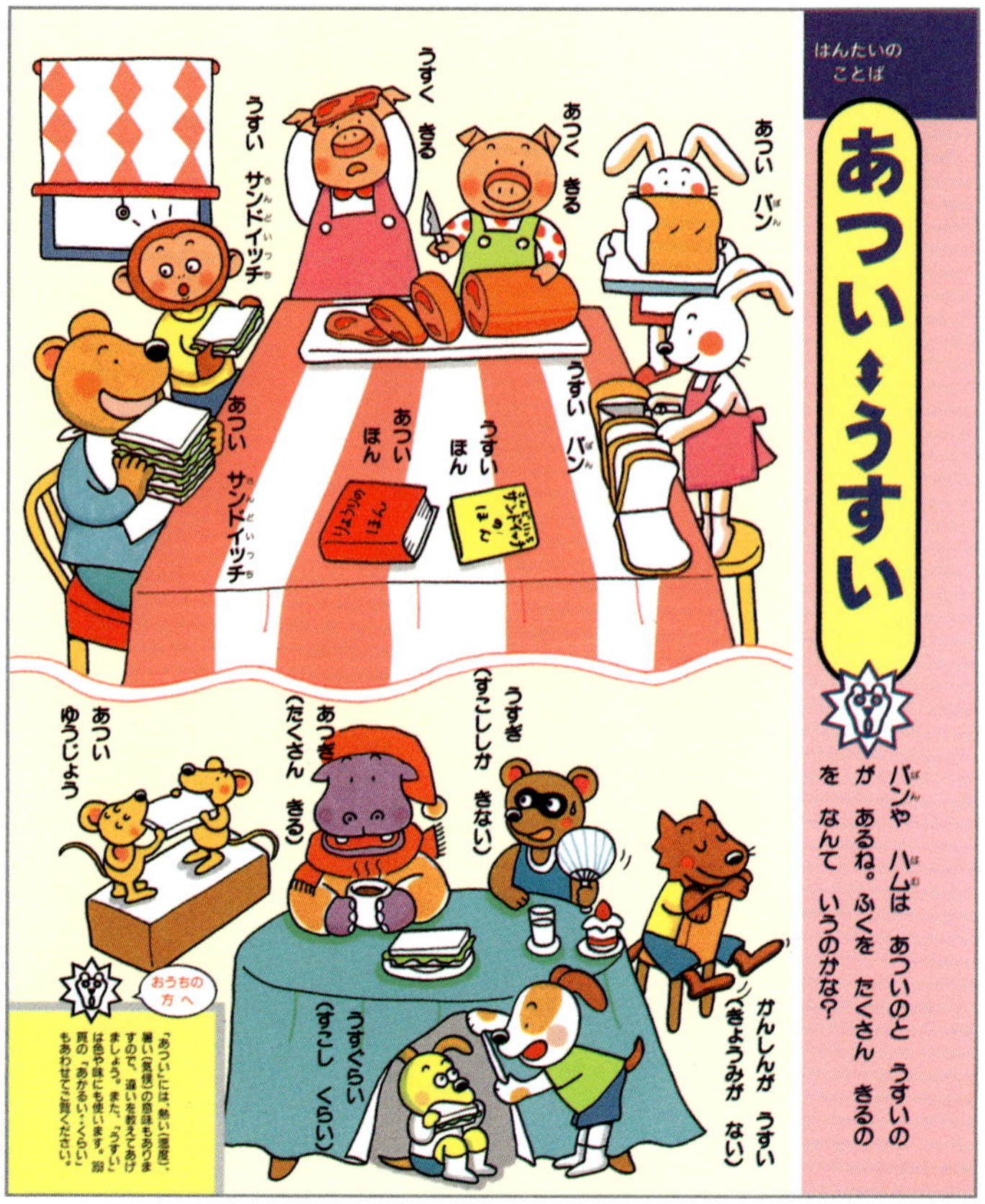

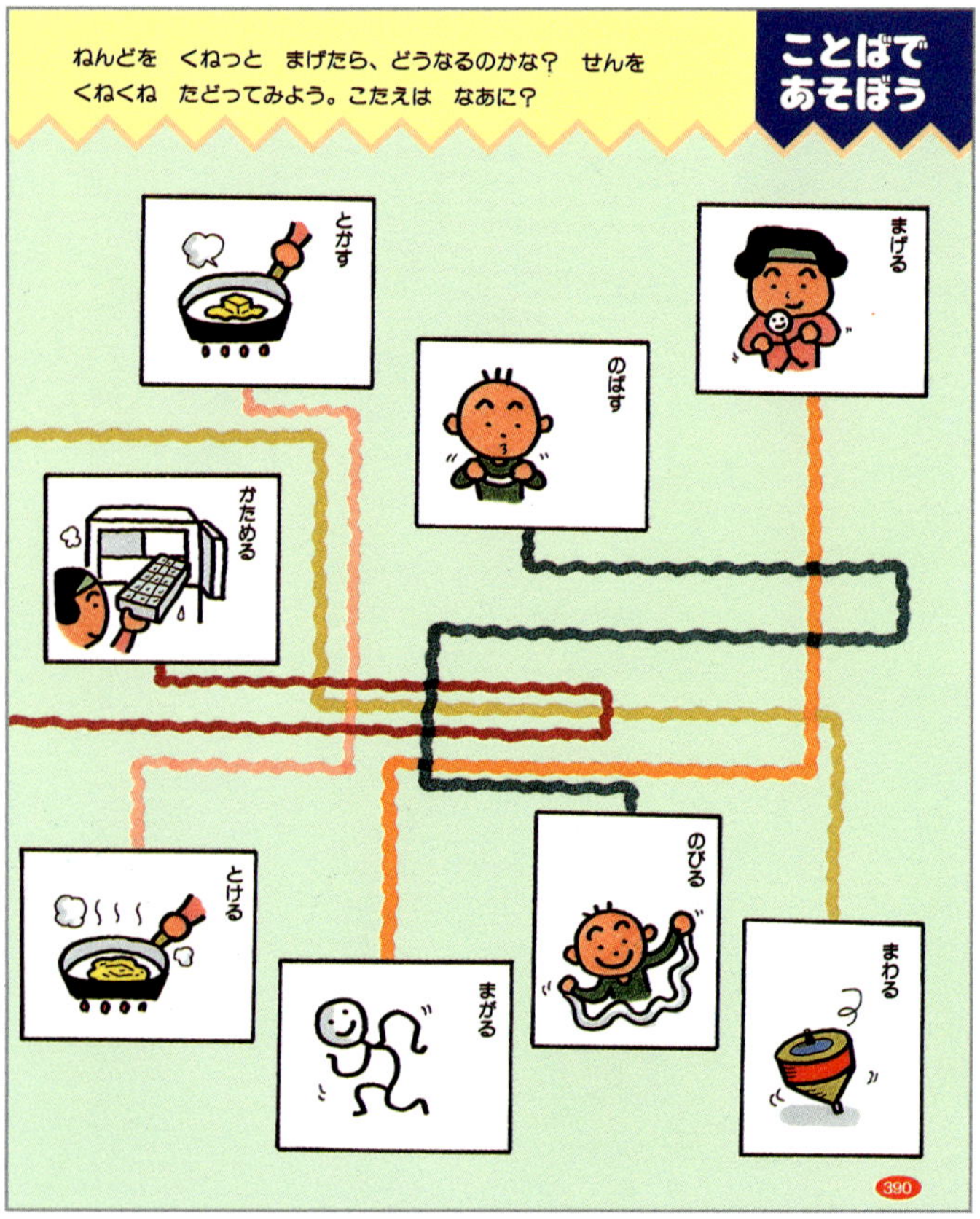

もくじ

はじめに

この絵じてんの特長と使い方……2

1 なにしているの? 11

☆いちにちの くらし

おきる……12
かおを あらう……14
ふくを きる……16
でかける・かえってくる……18
てを あらう……19
おやつを つくる……20
おやつを たべる……22
せんたくを する……24
せんたくものを たたむ……26
そうじを する……28
おてつだいを する……30
ごはんを たべる……32
ごはんを つくる……34
あとかたづけを する……36
おふろに はいる……38
パジャマに きがえる……40
ねる……42
あいさつする……44
でんわを する……48
いえに まねく……50
ふくを つくる……52

☆みんなで あそぼう

おもちゃで あそぶ……54
ゲームを する……56
えを かく……58
ほんを よむ……60
こうえんで あそぶ……62
やきゅうを する……64

☆たのしい ようちえん

うんどうかいで がんばる……66
くさばなを そだてる……68
どうぶつを かう……70
がっきを ひく……72
こうさくを する……74
けんかを する……76
やくそくを する……78
はなしあう……79

☆おでかけ だいすき

みちを わたる……80
バスに のる……82
でんしゃに のる……84
おつかいに いく……86
ようふくを かう……88
レストランへ いく……90
ぼくじょうへ いく……92
かいすいよくへ いく……94
かわで あそぶ……96
そうげんで あそぶ……98

☆げんきな からだ

しんたいけんさを する……100
びょうきに なる……102
けがを する……104
びょういんへ いく……106

はいしゃさんへ いく……108

☆てんき・きせつ

あさに なる・よるに なる……110
あめが ふる……112
かぜが ふく・ゆきが ふる……114
はるに なる……116
なつに なる……117
あきに なる……118
ふゆに なる……119

2 ひろがる ことば 121

☆うごきの ことば

たつ・すわる……122
あるく……124
はしる・かける……126
ふむ……128
とぶ……130
すべる……132
だく……134
つつむ……136
はこぶ……138
ての うごき……140
はかる……142
どうぶつの うごき……144
そだつ……146
かおの うごき……148
わらう……150
なく……152
おこる……153
いう……154
きく……155
ねがう……156
おもう……158
きもちの うごき……160

☆～する ことば・～される ことば

ほめる・ほめられる……162
しかる・しかられる……163
かす・かりる……164
あずける・あずかる……166
ぶつける・ぶつかる……168
たすける・たすかる……170
こわす・こわれる……172
みつける・みつかる……174

☆おなじだけど ちがう ことば

みる……176
とる……178
あげる・あがる……180
さげる・さがる……182
かける・かかる……184
つく……186
ひく……188
でる……190
かえる・かわる……192
うつす・うつる……193
ある・いる……194
すむ……195
できる・できない……196

3 どんなかな? 199

☆ どんな いろ?

あかい……200
あおい……202
きいろい……204
みどりいろの……206
ピンクいろの……208
ちゃいろい……209
だいだいいろの……210
むらさきいろの……211
しろい・くろい……212
いろいろな いろ……214

☆ どんな かたち?

まるい……216
さんかくの・しかくい……218
いろいろな かたち……220

☆ なんの おと?

いえの なかでは?……222
だいどころでは?……224
たいふうの ひには?……226
みんなが あつまると?……228
だれの こえ?……230
うるさい・しずかな……232

☆ どんな におい?・どんな あじ?

あまい……234
おいしい……236
いろいろな あじの……238

☆ どんな かんじ?

つめたい・あたたかい……240
かゆい……242
いたい……244
かわいい……246
ぶかぶかの……248
いろいろな ふく……250
ふかふかの……252
つるつるの……254
どろんこの……256
びしょびしょの……258
べとべとした……260
かちかち……262

☆ どう みえる?

ぐるぐる・くるくる……264
きらきら・ぴかぴか……266
はっきりと……268
きれいな……270
ふわふわ・ひらひら……272
くしゃくしゃの……274
ごちゃごちゃ……276
きちんと……278
ぎっしりと……280
ぐらぐら……282
ふらふら……284
もぞもぞ・もじもじ……286
のんびり……288
のっしのっし……290
べんりな……292
すごい・ひどい……294
たいへん……296
あんぜんな・あぶない……298

☆ どんな きもち?

うれしい……300
たのしい……302
さびしい……304
かなしい……305
つらい・くるしい……306
はずかしい……308
こわい……310
どきどきする……312
どんな ようす……314
いろいろな かお……318

☆どう おもう?
いい(よい)・わるい……320
むずかしい・かんたん……324
おもしろい……326
つまらない……328
ふしぎな……330
しんぱいだ……332
がっかりする……333
たいせつな・だいじな……334
だいすきだ……336
しあわせだ……338

4 くらべてみよう 341

☆はんたいの ことば
おおきい↕ちいさい……342
ながい↕みじかい……344
たかい↕ひくい……346
おもい↕かるい……348
ふとい↕ほそい……350
あつい↕うすい……351
あさい↕ふかい……352
あかるい↕くらい……353
ちかい↕とおい……354
ひろい↕せまい……355
つよい↕よわい……356
あたらしい↕ふるい……357
はやい↕おそい……358
おおい↕すくない……360
うえ↕した……362
まえ↕うしろ……364
おもて↕うら……365
なか↕そと……366

☆ぶんを つくる
～は・～も……368
～の……370
～と・～で……372
もし～……374
けれど～……376
さしめす ことば……378

☆ことばで あそぼう
おなじだけど ちがう……380
ないない あそび……384
なにを する?……388
どうなる めいろ……390
こんな とき なんて いう?……394

★にている ことばの つかいわけ……396

かきじゅん
ひらがなごじゅうおん……412
カタカナごじゅうおん……416

幼児のことばの発達
お母さん・お父さんへ……420

さくいん(五十音順)……巻末

1 なにしているの？

あさ、おきてから、よる、ねるまで、みんなは、まいにち どんな こと、してるかな？ ようちえんで おともだちと あそんだり、やすみの ひには、かぞくで おでかけ、たのしいよね。ページを めくると、いろんな ところで、いろんな ことを してる おともだちが たくさん でてくるよ。みんなは、だれと、どんな こと してる ときが、いちばん、たのしいのかな？

この章は、お子様の一日のくらしを追うような場面設定、構成にしてあります。もっとも身近な日常生活、よくする動作、よく見る動作の言葉を中心にまとめてあります。ここでは言葉だけでなく、生活の基本となることがらや道徳についても教えてあげて下さい。

おきる

おはよう。あさだよ。ひが　のぼったよ。
まだ　ねむいのは　だれかな?　げんき
よく　おきて、いっぱい　あそぼう。

おうちの方へ

「おきる」は、目を覚ますという意味のほかに、横になっていたものが直立するという意味でも使います。「だるまがおきあがる」は後者の意味です。ほかに「事件がおきる」のように、何かが始まるという時にも使います。

おきる

めを　さます

かおを あらう

あさ　おきたら　なにを　する?
トイレ《といれ》に　いって、かおを　あらって、
でかける　じゅんびは　できたかな?

おうちの方へ

身支度は朝の大切な習慣ですね。「準備をする」「用意をする」は、何かをする前に、前もって支度するということです。「整える」（みだれのないように、きちんとする）という言葉も、いっしょに教えてあげてください。

ふくを きる

ボタン《ぼたん》を はずして、パジャマ《ぱじゃま》を ぬいで、ひとりで ふくを きられるかな？ ゆっくり ひとつずつ やってみよう。

おうちの方へ

上着など腰から上の衣類は「きる」、スカートや靴下など腰から下に身につけるものは「はく」といいます。「パンツをきる」「シャツをはく」とはいいません。身につけるものによって違うことを教えてあげてください。

でかける・かえってくる

でかける ときは なんて いう？
でかける ひとには なんて いう？
かえってきたら、げんきに「ただいま。」

おうちの方へ

「でかける」↔「かえる」、「いく」↔「くる」は、使い方を間違えやすい言葉です。そこから遠ざかることが「いく」、こちらへ近づくことが「くる」です。「でかける」↔「みおくる」は立場によって変わる言葉です。

てを あらう

「ただいま。」の あとに なにを する？
てを あらって うがいを して
ちゃんと きれいに できるかな？

おうちの方へ

「ゆすぐ」は水などを口にふくみ、汚れをきれいに洗い流すことで、「すすぐ」ともいいます。また、洗濯物などを水や湯で、ざっと洗うことも「ゆすぐ」といいます。

おやつを　つくる

きじを　こねたり、のばしたりして、
おやつを　つくって　みよう。きみの
いちばん　すきな　おやつは　なあに？

おやつを
つくる
ぶんりょうを
はかる
こむぎこ
たまごを
わる
かきまぜる
くわえる
きじを
こねる
きじを
のばす
かたを
ぬく

おうちの方へ

お菓子をつくる時に使う言葉を集めました。「まぜる」は水と粉のように、違う種類のものを合わせて、ひとつにすることをいう場合と、「ごはんをかきまぜる」のように、かき回すことをいう場合があります。

おやつを たべる

さあ、おやつの じかんだよ。みんなで わけて、たべよう。あれ？ たべられない もの かじってるの だあれ？

おうちの方へ

「かむ」は歯でくだくこと、「かじる」は堅いものを噛みとることで、意味が違います。すっかり飲んでしまうことを「のみほす」、噛まずに、のどに入れることを「のみこむ」といいます。「そそぐ」と「つぐ」は同意です。

せんたくを する

きれいな ふくは いい きもち。
そとで あそんで よごれた ふくは
どうしたら きれいに なるのかな？

ほす
きれいに なる
ほす
しわを のばす
ぬれている
かける
しぼる
せんたくを する
せんたくきを まわす
あらって もらう
あらう
よごれた ふく
いれる
おす

おうちの方へ

手・皿・服を「あらう」のように「あらう」という言葉は日常頻繁にでてきます。汚さないことより、汚してしまったものをきれいにすることの方が大切なのでしょう。どんな時、何を洗うのか、教えてあげてください。

せんたくものを　たたむ

かける
しまう
アイロン《あいろん》を
かける
しわを　のばす
せんたくものを
たたむ
かさねる

せんたくものが　かわいたら、
とりこんで、たたもうね。しわを
のばして、きちんと　たためるかな？

おうちの方へ

「たたむ」は、折って重ねること、広がっているものを小さくまとめることをいいます。布団や衣類だけでなく傘や折りたたみ式の道具など、たたむものは身の回りにたくさんあります。いろいろ探してみましょう。

そうじをする

いえの なかを ぴかぴかに しよう。はたきを かけたり、ぞうきんを かけたり、きみは どれが できるかな?

おうちの方へ

「ふく」は、汚れや水気をとることですが、「みがく」は、さらに、きれいにつやを出すことをいいます。掃除機やモップ、はたき、ぞうきんなど、どれも「かける」といい、同音異義語として184頁にも掲載しています。

おてつだいを する

いえの おしごと、たくさん あるよ。きみが できる しごとを おてつだい しよう。かぞくも たすかるよ。

おてつだいを する

あとかたづけを てつだう

どうぶつの せわを する

えさを やる

しんぶんを とる

はなの せわを する

みずを やる

るすばんを する

おつかいを する

おうちの方へ

ほかの人の仕事などを助けてあげることを、「てつだう」といいます。ここでは、子どもができそうなお手伝いの言葉を集めてあります。人を助けて、喜んでもらえることは、うれしいものだと知ってもらいたいですね。

ごはんを たべる

たのしい ごはんの じかんだよ！
おはしを じょうずに つかえるかな？
こぼさず、のこさず、たべようね。

おうちの方へ

器にたくさん入れることを「もる」といい、「よそう」はご飯や汁物を器に入れることをいいます。はしで「はさむ」、スプーンで「すくう」、フォークで「さす」、というように、言葉を組み合わせて教えてあげてください。

ごはんを つくる

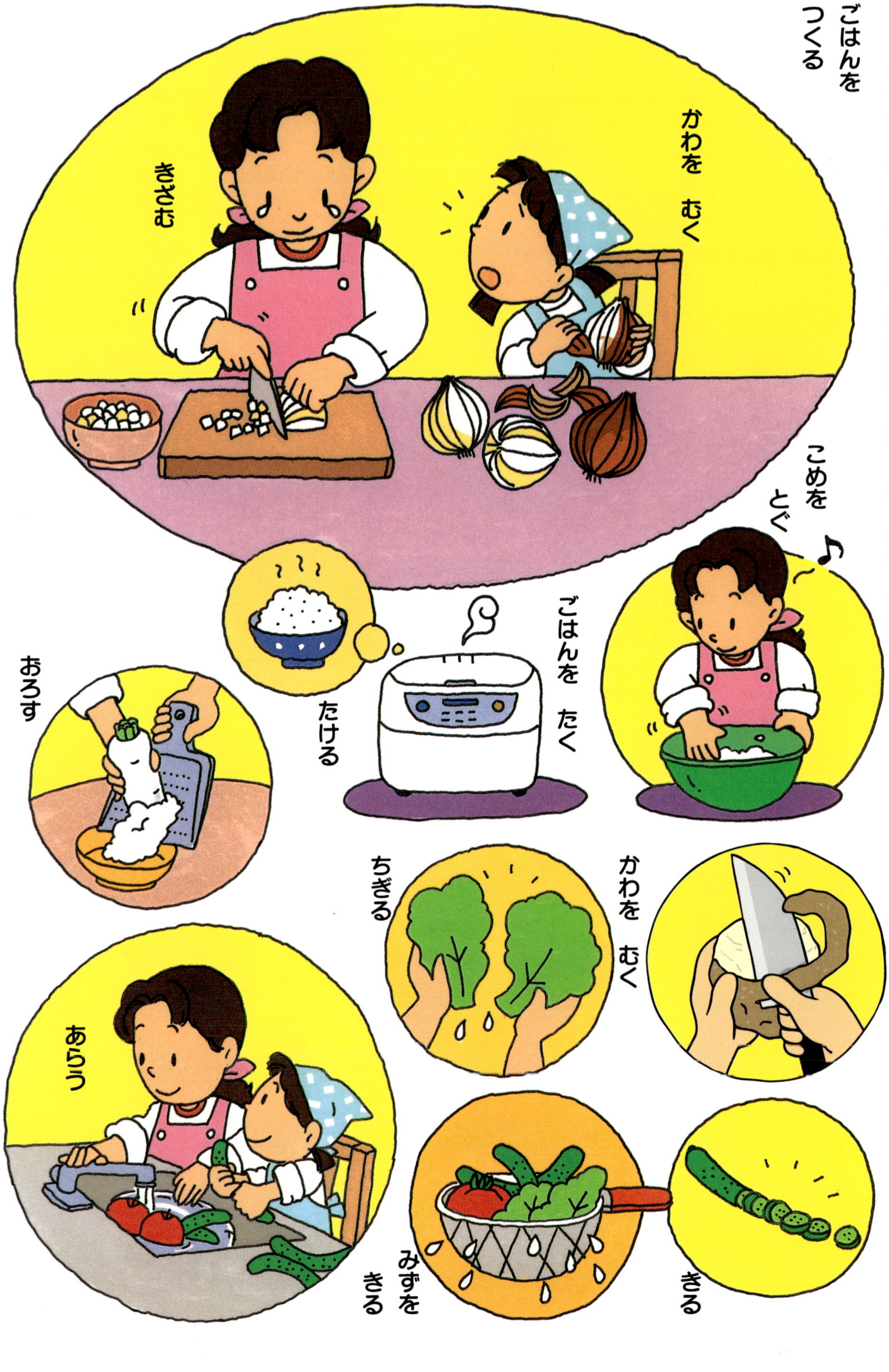

いろいろな どうぐや、ひを つかって
おいしい ごはんを つくるんだね。
きょうの おかずは なんだろうな？

おうちの方へ

「きる」は刃物でわる、水気をなくす、などの意味があり、「きざむ」は細かく切ることです。「むす」、「ふかす」は同意で湯気で熱する調理法です。生のものを湯で煮ることが「ゆでる」、油でゆでることが「あげる」です。

あとかたづけを する

テーブル《てーぶる》を ふいたり、おさらを ふいたり、きみは あとかたづけを てつだえるかな？

おうちの方へ

食事の後片づけは、子どもの手伝いでも日常的なものですね。「手をふく」の「ふく」は、「皿や机をふく」という場合にも使うことを教えてあげて下さい。汚れや水気を取るという意味になります。

おふろに はいる

きみは おふろが すきかな? あたまも からだも きれいに あらって、ゆぶねに はいって あったまろう。

おうちの方へ

「ながす」は、「涙をながす」のように液体が低い方へ動くことのほかに、「背中をながす」のように、汚れを洗いおとすという意味でも使います。ほかに、「つかる」（ひたる）、「くむ」（すいとる）という言葉もあります。

パジャマ《ぱじゃま》に きがえる

ぬれている
あしを ふく
ふかない

かみを ふく
からだを ふく
ふく

じょうずに パジャマ《ぱじゃま》に きがえられるかな？ ズボン《ずぼん》を はいて、ボタン《ぼたん》を かけて、さあ、ちゃんと、できたかな？

パジャマ《ぱじゃま》に　きがえる

おうちの方へ

お風呂に入って体が温まっても、ぬれたままでは冷えてしまいますね。ここでは、否定形「ふく」→「ふかない」、「はく」→「はかない」、「きる」→「きない」の言葉を集めてあります。

ねる

ひが しずんで、もう よるだよ。たくさん あそんだから ねむくなったね。おやすみ。ぐっすり ねむろうね。

おうちの方へ

「ねる」は、「ねむる」（目をつぶり、心や体が休んだ状態になること）という意味のほかに、「横になる」「病気で床につく」という意味でも使います。「やすむ」、「布団にはいる」ともいいます。

おはよう、さよなら、また　あした。きみは　きちんと　いえる？
かぞくが　かえってきたら、なんて　いうの？

あいさつする

おうちの方へ

日常のあいさつで、特に子どもが間違えやすいのが、「いってらっしゃい」と「いってきます」、「ただいま」と「おかえりなさい」です。使う時や、使う立場の違いを、きちんと教えてあげましょう。

さようなら。
さようなら。
かえる
みちで　あう
こんにちは。
こんにちは。
こんにちは。

ただいま。
おかえりなさい。
かえってくる
むかえる
おやすみなさい。
ねる
おやすみ。

あたらしい　おともだちを　しょうかいされたよ。「はじめまして　どうぞ　よろしく。」　あいさつが　できたら、もう　なかよしだ。

しょうかいする
はじめまして　ささき　ゆみです。
よろしく。
しょうかいされる
あいさつする
よろしく　おねがいします。

いえを　たずねる
いらっしゃい。
こんにちは。
むかえる
さよなら。
かえる
おじゃましました。
みおくる

あいさつする　2

おうちの方へ

あいさつの言葉の中でも、特に「ありがとう」と「ごめんなさい」は大切です。何かをしてもらった時に感謝の気持ちをきちんとあらわせる子ども、悪いと思ったら素直にあやまれる子どもに育ってほしいですね。

おれいを　いう
ありがとう。
おめでとう。
いわう
あやまる
ごめんなさい。
いいのよ。きに　しないで。
ゆるす
いらっしゃいませ。
うる
ありがとう　ございました。
かう
どういたしまして。
ごくろうさまです。
とどける
うけとる

でんわの　ベル《べる》が　なってるよ。じゅわきを　とったら、きみの
みょうじを　いうんだよ。「はい、もしもし。」さあ　いってみよう。

でんわが　なる
でんわに　でる
なまえを　たずねる
でんわを　かける
たずねる
なのる
もしもし　さとうですが、
たかはしさんですか？
また　あとで
かけます。
まちがえたら　あやまる
ごめんなさい、
まちがえました。
でんわを　する
たろうくんを
おねがいします。

おうちの方へ

子どもは電話が鳴ると、その電話をとりたがりますね。まず、自分の名前を名のること、相手の名前をきくことが電話の基本的な礼儀です。少しずつ練習させていきましょう。

でんわを する

るすの とき
もしもし さとうです。どなたですか？
おとうさんは いま でかけています。
すずきさんから でんわだよ。
おとうさんに かわります。おまちください。
でんわを つなぐ
ありがとう。
はなしを する
では また。さようなら。
でんわを きる
るすの とき
たけしです。こんにちは。
あいさつする
はなしを する
でんわを きる

おともだちの　いえに　しょうたいされたんだ。「こんにちは、
おじゃまします。」って　きちんと　あいさつ　できるかな？

いえに　まねく
（よぶ）
あそびに　いらっしゃい。
うちに　おいでよ。
ありがとう。
うかがいます。
まねかれる
（よばれる）

いえに　あがる
どうぞ
あがってください。
とおす
いらっしゃい。
こんにちは。
おじゃまします。
いえを　たずねる

いえに まねく

おうちの方へ

子どもには難しいかもしれませんが、お友達の家などに行った時、「おじゃまします」「おじゃましました」といった言葉も使えるように、少しずつ教えてあげましょう。

ごちそうに なる
いただきます。
すすめる
どうぞ。
ごちそうする
めしあがれ。
ごちそうに なります。

さよなら。 また きてね。
きを つけてね。
みおくる
ごちそうさま でした。
おれいを いう
さよなら。
かえる

みんなの　ふくは　どうやって　できるのかな？　ぬのを
たつって　どうする　ことかな？

ふくを　つくる

おうちの方へ

針と糸で布をつなぎ合わせることを「縫う」といいます。「繕う」は破れたり壊れたりした部分をなおすことです。アイロンやミシンのような道具を動かすことを「かける」ということがあります。（→「かける」184頁参照）

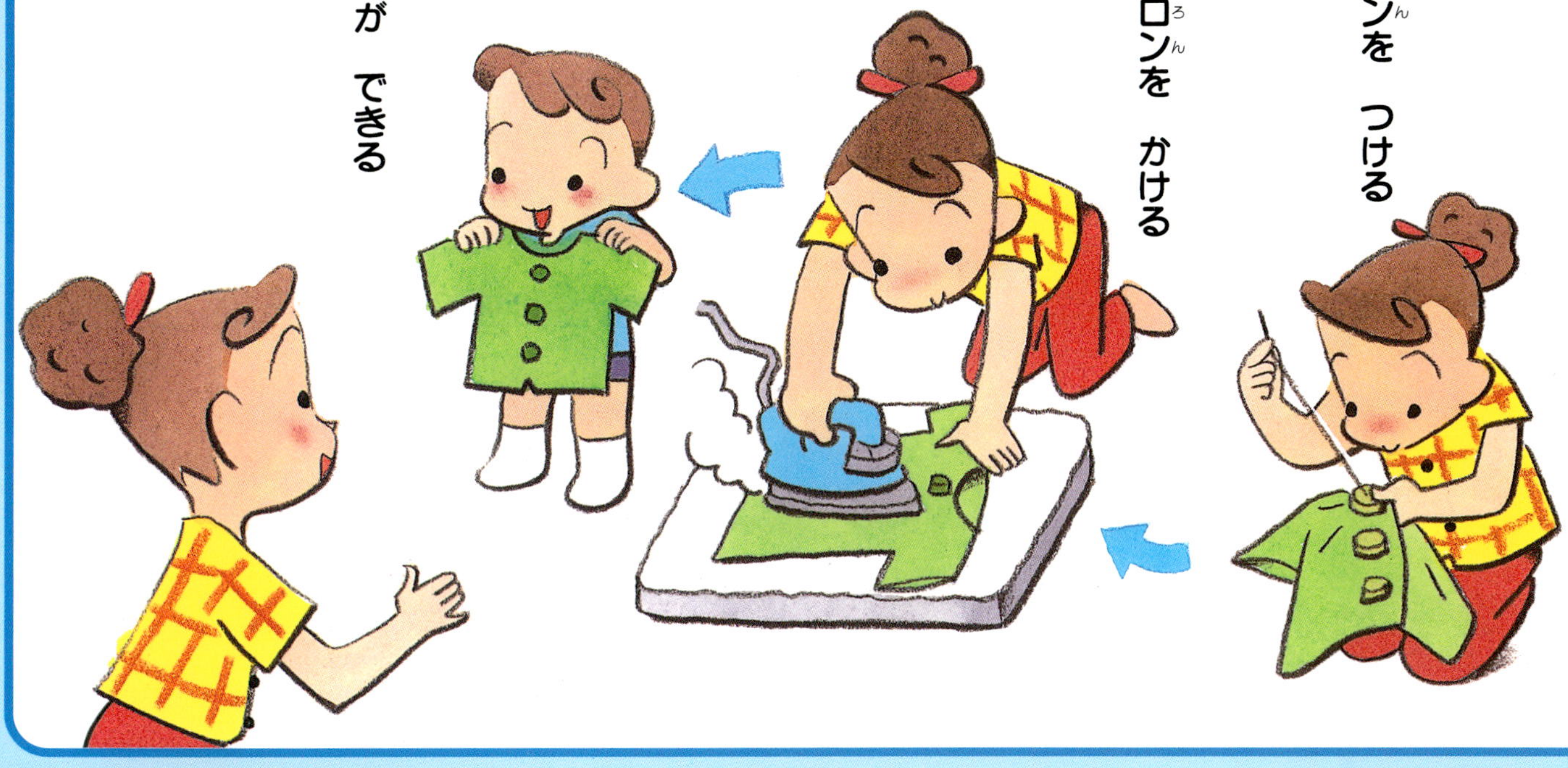

ボタン《ぼたん》を　つける

アイロン《あいろん》を　かける

ふくが　できる

つぎを　あてる

ほころびを　つくろう（なおす）

けいとを　あむ

おもちゃで あそぶ

つみきを たかく つみあげたら ぐらぐら ゆれて、くずれたよ。つみきを くずした こは どこに いるのかな?

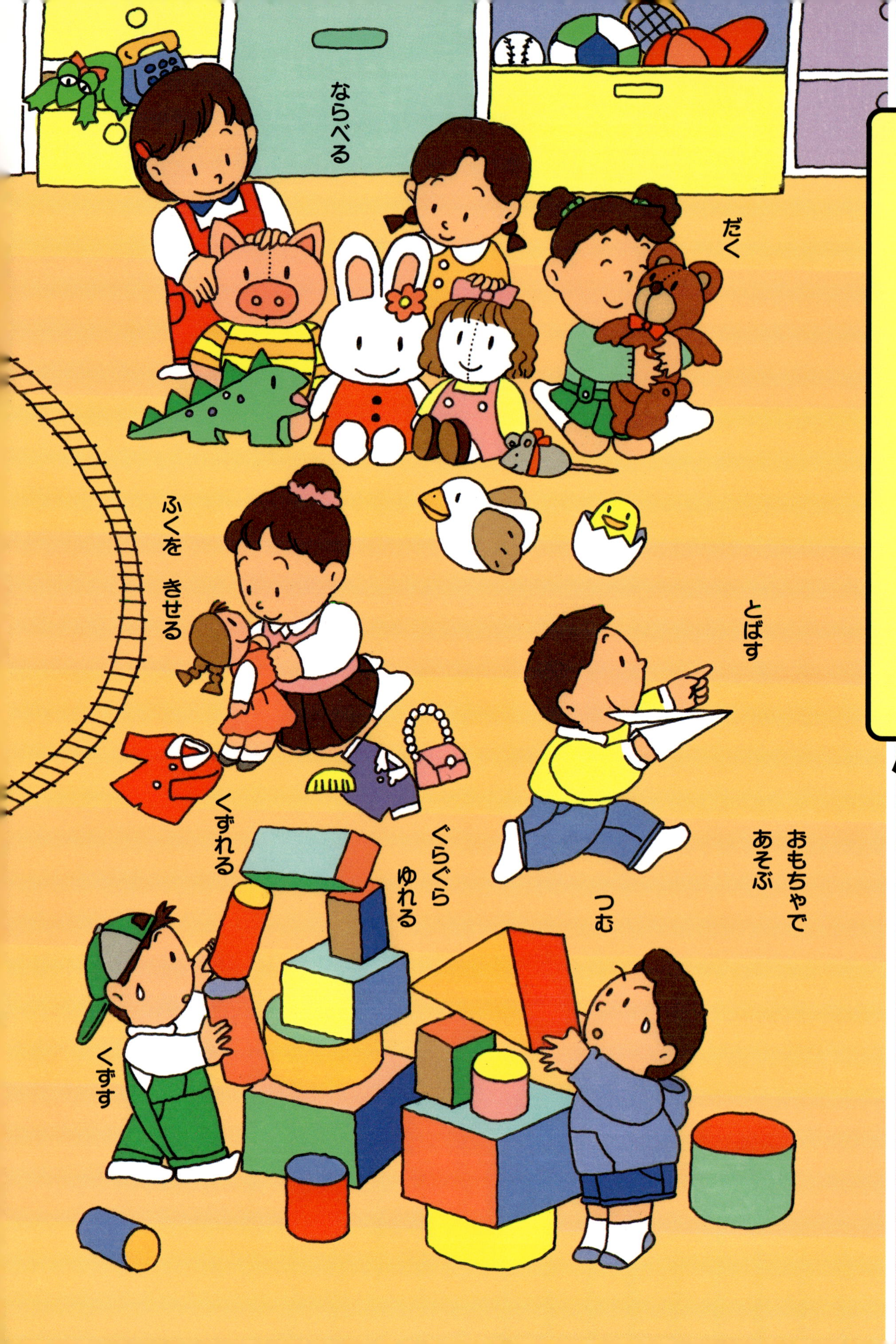

おうちの方へ

「〜を」という場合（対象物が目的語）と「〜が」という場合（対象物が主語）では、「ロボットをうごかす」→「ロボットがうごく」、「飛行機をとばす」→「飛行機がとぶ」のように、使い方が変わります。

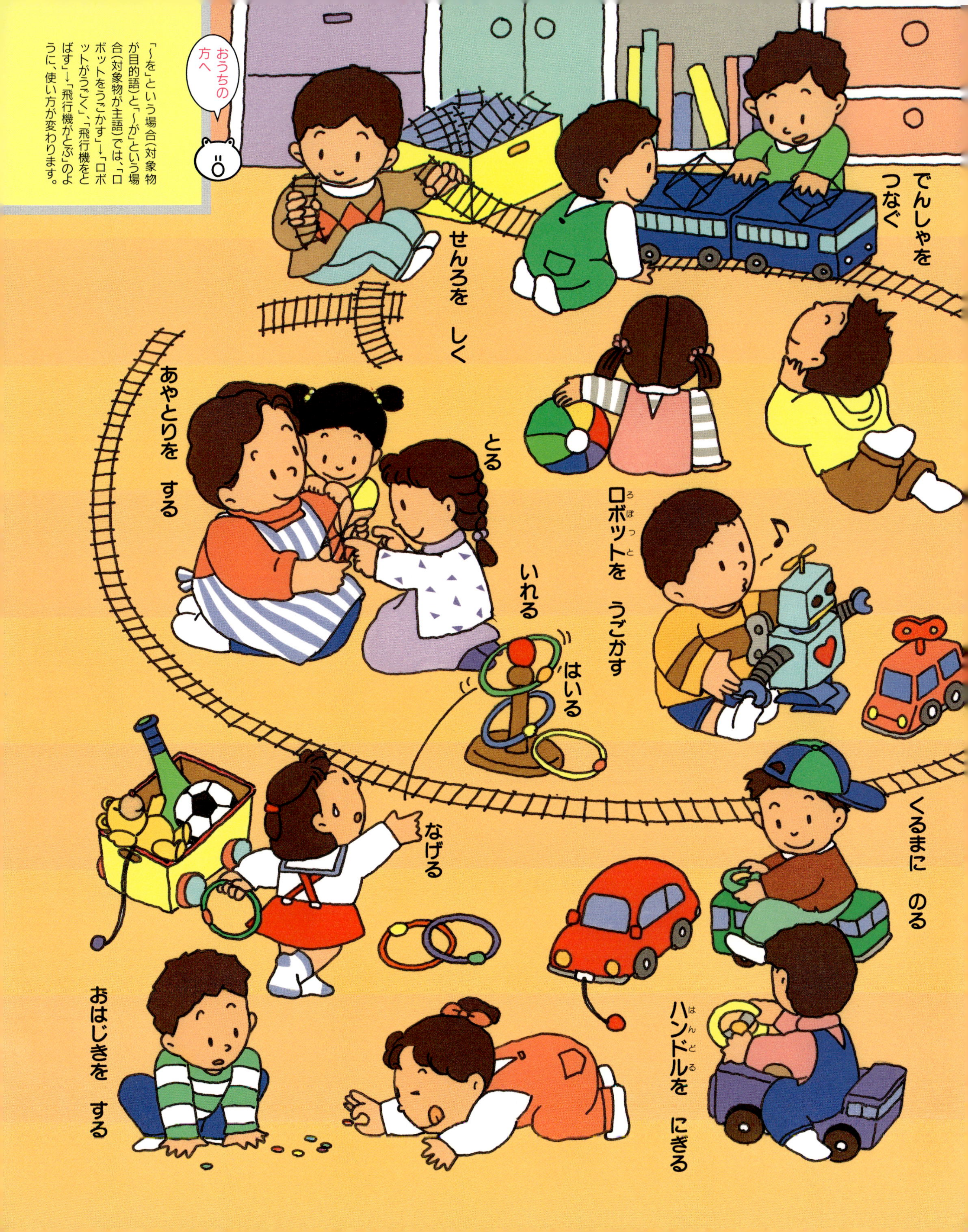

ゲーム《げーむ》を する

おともだちが あつまったら、ゲーム《げーむ》を して あそぼう。はらはら、どきどき、きみは どんな ゲーム《げーむ》が すきかな？

カード《かーど》を きる
トランプ《とらんぷ》を する
カード《かーど》を くばる
カード《かーど》を きる

かくす
そろう
ひく
のぞく

おうちの方へ

「切る」には、ひと続きのものを離れ離れにするという意味があります。刃物で物を「切る」のほかに、カードを混ぜ返すことも「きる」といいます。衣類を「着る」は、同じ音でも違う意味です。違いを教えてあげましょう。

すごろくを　する
じゅんばんを　まつ
コマ《こま》を　すすめる
サイコロ《さいころ》を　ふる
ころがす

パズル《ぱずる》を　する
はめる
はめこむ
さがす

えを かく

おえかき だいすき。クレヨン《くれよん》で すきな えを かいてみよう。そのうえから えのぐで いろを ぬると どうなる?

おうちの方へ

「まぜる」は絵の具のように、違う種類のものをあわせてひとつにするという意味の「混ぜる」と、子供の中に大人を加えるというような、違う種類のものを同じ場所におくという意味の「交ぜる」があります。

ほんを よむ

ほんを よんでもらうと、じぶんが おはなしの なかに いるみたい。とっても ふしぎで おもしろい。

おうちの方へ

「よむ」には書いてある言葉を声に出して読みあげること、その言葉の意味をつかみとること、のふたつの意味があります。また、絵や写真は「みる」を使い、文字は「よむ」を使うという違いがあります。

うけつけ
いっしょに みる
ほんを よむ
(ひとりで よめる)
ほんを よむ

こうえんで あそぶ

ブランコ《ぶらんこ》、すべりだい、こうえんでは なに して あそぶ? おともだちも さそって、なかよく あそぼう。

おうちの方へ

立場が変わると「つかまえる」と「つかまる」のように、いい方が変わる言葉があります。また、「おう」と「にげる」のように、反対語になるものもあります。ほかにも、「かくれる」と「みつける」など、お子様とさがしてみましょう。

やきゅうを する

ボール《ぼーる》を なげたり、うったり。
みんなで やきゅう たのしいな。
きみは ボール《ぼーる》を とれるかな？

さがす
とる
すべりこむ
ころがる
とびつく
おとす

おうちの方へ

野球における動きの言葉が集まっています。ここでの「とる」は、ボールをとるという意味で使われていますが、178頁の「とる」のように、「とる」は広い意味で使われますので、参照してみてください。

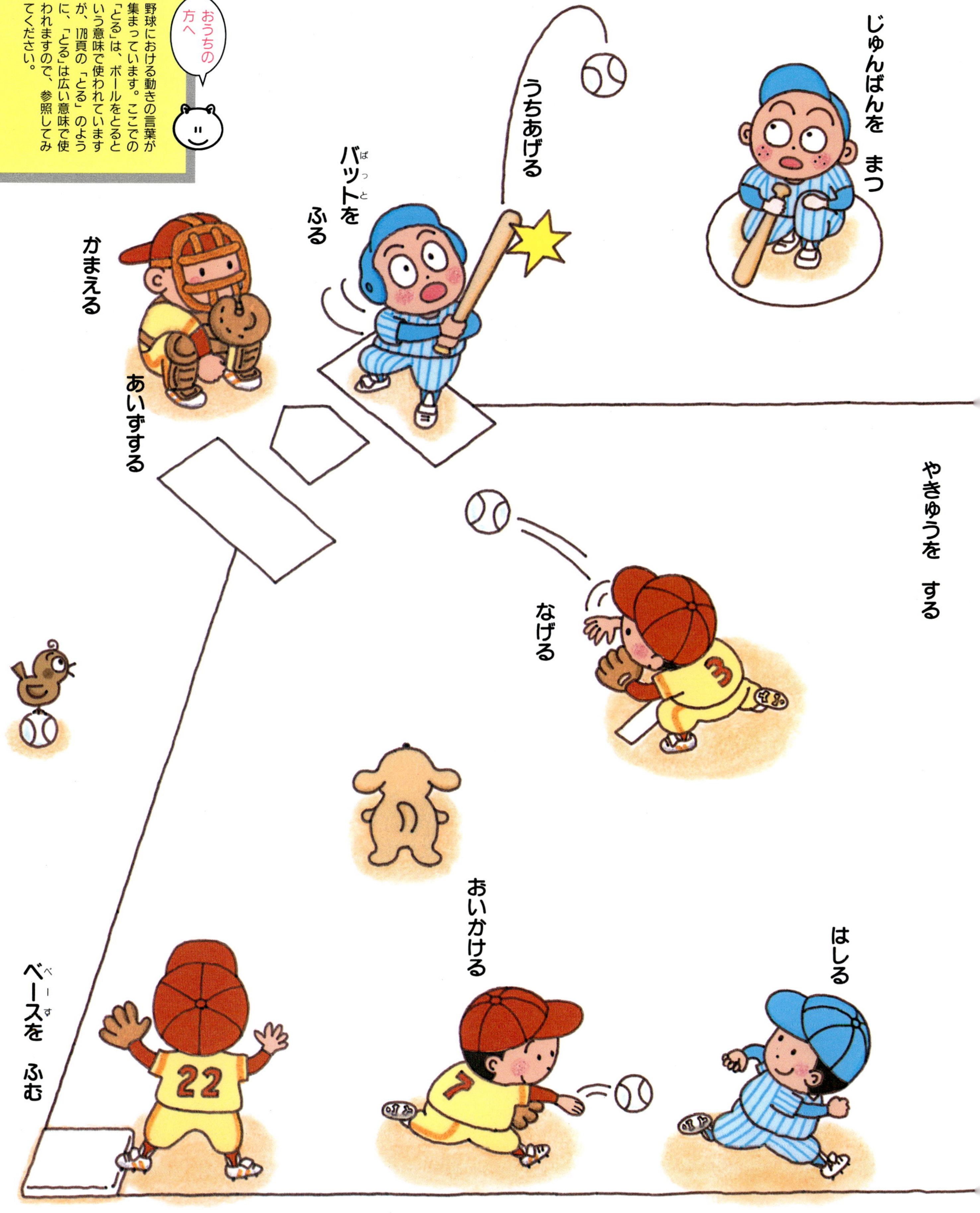

うんどうかいで がんばる

きょうは たのしい うんどうかい。
みんなで ちからを あわせよう。
あか しろ つよいの どっちかな?

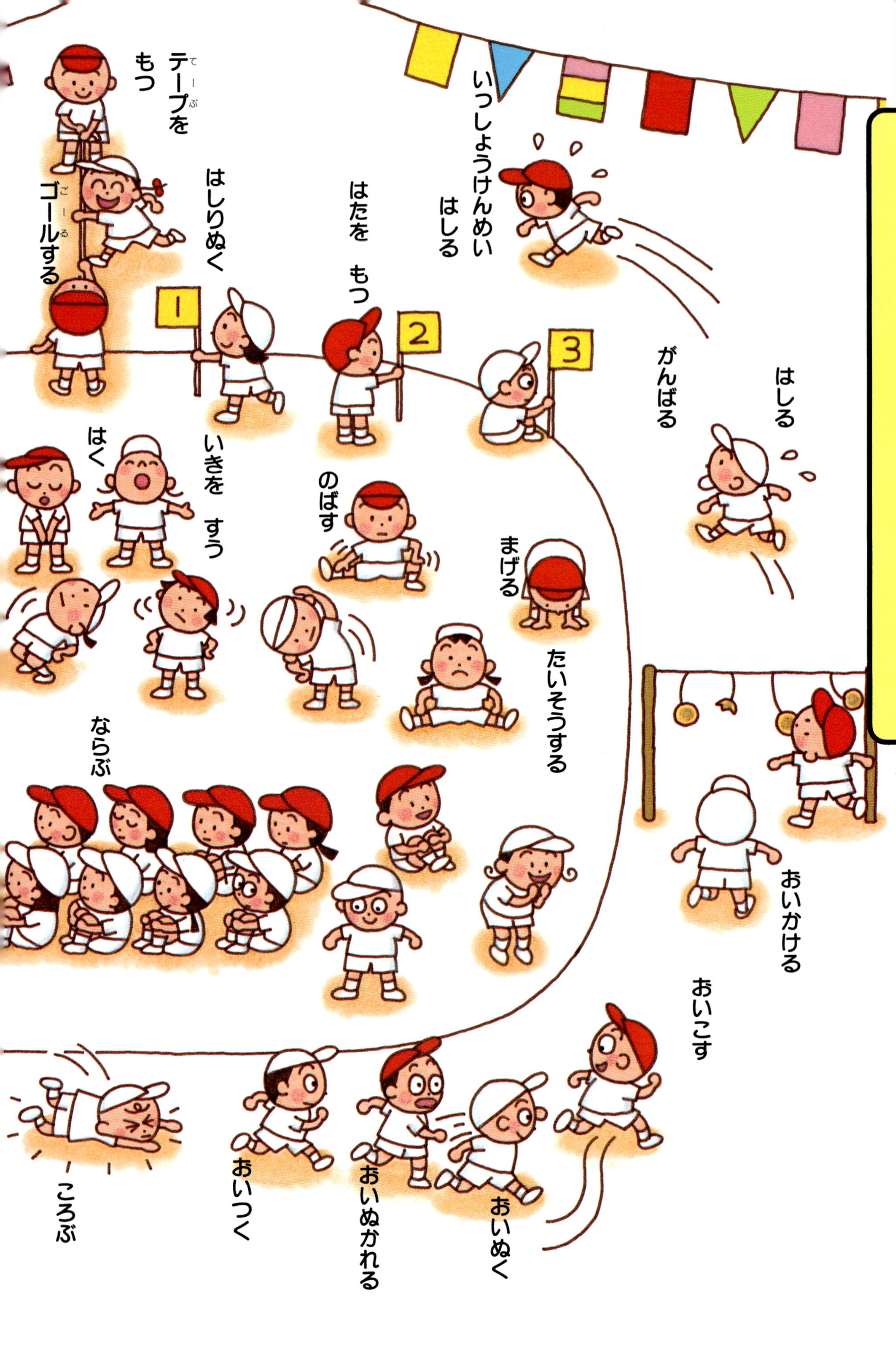

おうちの方へ

体の動きを表現する言葉が多く含まれています。「おう」には、「おいかける」、「おいつく」、「おいぬく」、「おいこす」といった派生語があります。また、「はしる」については126頁をあわせてご覧ください。

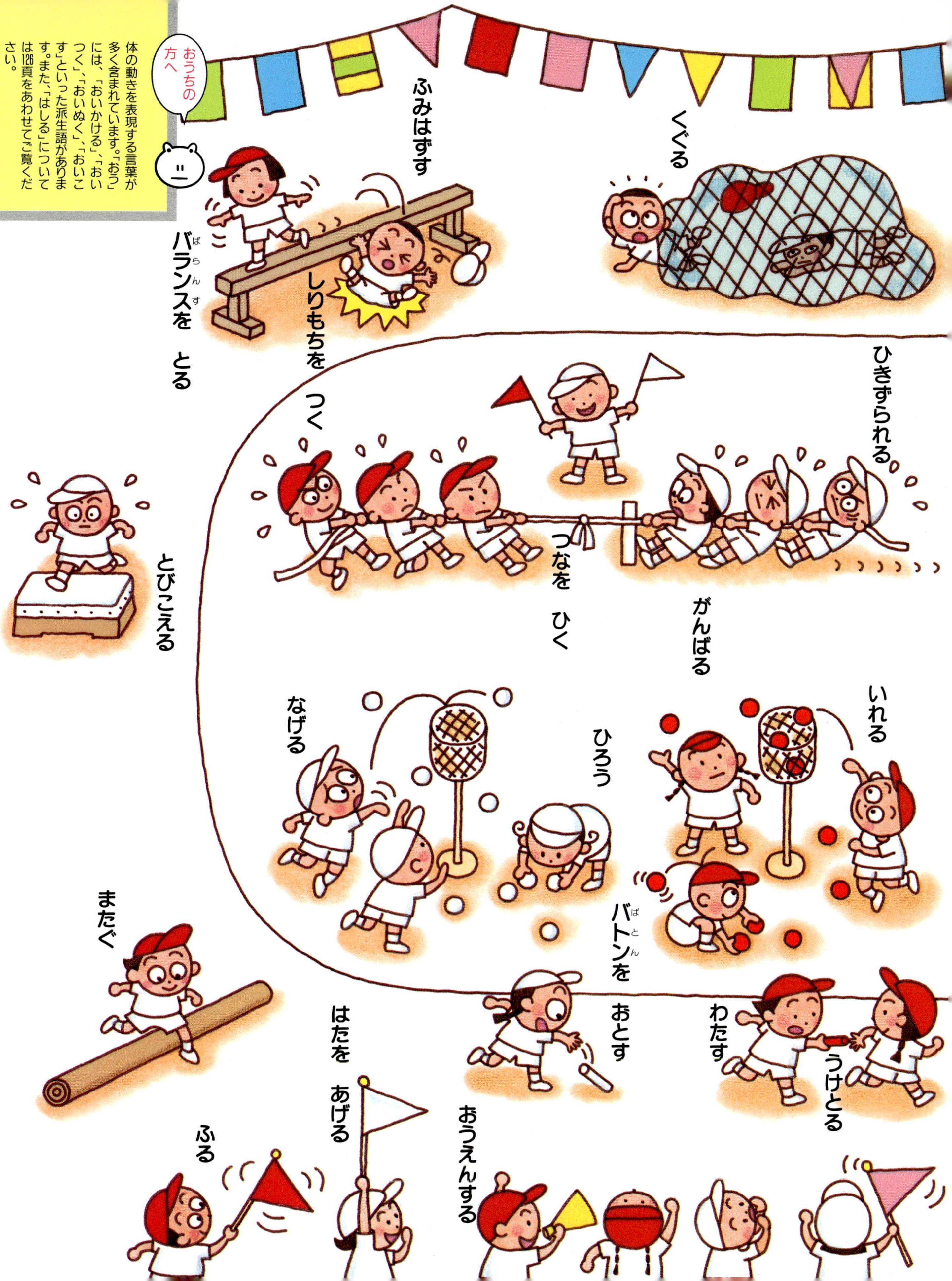

くさばなを そだてる

きみの すきな はなは なにかな？
たねを まいて はなを いっぱいに
さかせよう。

おうちの方へ

植物を育てるうえで使う言葉を集めています。「まく」には「種をまく」のように、土の中に埋める場合や、「水をまく」のように、まきちらすという時にも使います。また、実際に植物を育てて教えてあげると効果的です。

どうぶつを かう

どうぶつたちの せわを してみよう。
にんげんの あかちゃんと にわとりの
あかちゃんは どこが ちがう?

おうちの方へ

ここでは、家や幼稚園で飼えるペットの生態や、世話する時に使う言葉を集めてみました。「する」↔「させる」、「のる」↔「のせる」のような立場によって変わる言葉も教えてあげてください。

がっきを ひく

けんばんを たたいたり、ふえを ふいたりして おとを だすよ。バイオリン《ばいおりん》は どうすると おとが でるのかな？

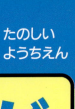

おうちの方へ

バイオリンを「弾く」と、綱を「引く」では、意味が違います。「ひく」は188頁に同音異義語としてまとめてあります。「音がはずれる」はそれてしまうという意味、「声をそろえる」は同じにするという意味です。

こうさくを する

のばしたり、まるめたり、ねんどあそびって、おもしろい。きみなら どんな かたちを つくるかな?

おうちの方へ

「おる」は「枝を折る」のように、曲げて切り離すことや、「紙を折る」のように、曲げて重ねるという意味があります。また、布を「織る」という同音異義語もあります。

けんかを　する

ともだちと　けんかしちゃった　あとは、なんとなく　こころが　いたいよ。はやく、あやまって、なかなおりしようね。

おうちの方へ

「けんかをする」ことが、いけないのではなく、むしろ大切なのは、「あやまる」ことと、「ゆるす」ことです。「なかなおりする」ことの大切さも教えてあげてください。

やくそくを する

こうしようと きめた こと、ゆびきり したから まもらなくちゃね。やくそく を まもらない こは だあれ?

やくそくを する

のこさず ぜんぶ たべようね。

やくそくどおり のこさず たべる
やくそくを まもる

ともだちと あそぶ やくそくを する

はいっては いけません

きめられた やくそく
やくそくを やぶる
(まもらない)

おうちの方へ

これからすることを、ほかの人と前もって決めることを「やくそくをする」といい、その通りにすることを「まもる」といいます。「やくそく」という言葉には、社会的なきまりや、ゲームなどのルールという意味もあります。

はなしあう

みんなで かんがえを いいあって、
さんせいなら てを あげよう。みんな、
いろんな いけんが あるんだね。

おうちの方へ

「はなしあう」は、意見を出しあうこと、相談することをいいます。「さんせいする」は、人の考えをよいと認めることで、逆が「はんたいする」です。また、ひとつの意見を選び、変えないものにすることを「きめる」といいます。

みちを　わたる

わたる
おりる
のぼる
ほどうを あるく
じてんしゃを こぐ
はしる
てを ひく
あるく
とまる

しんごうが　あかなら　とまって、まとう。あおに　なったら　わたろうね。きいろの　ときは　どうするのかな?

おうちの方へ

「わたる」はこちらから向こうへ移る、そこをこえて向こう側に着くという意味があり、「歩道橋をわたる」「海をわたる」などのように使います。ここでは、交通ルールなどもいっしょに教えてあげましょう。

バス《ばす》に のる

バス《ばす》に のって どこまで いくの？
「はい、つぎ、おります」って、
つたえたい とき、どうするの？

おうちの方へ

「ゆずる」には自分の持ち物を人にあげるという意味のほか、「せきをゆずる」のように、自分より相手を先にするという意味もあります。乗り物の中での公衆道徳も教えてあげましょう。

のりこむ

でんしゃに のる

のる（↔おりる）
でんしゃが ホーム《ほーむ》に はいる
（↔ホーム《ほーむ》を でる）
まつ

でんしゃが ホーム《ほーむ》に はいってくるよ。
せんの うちがわに さがって まとう。
きみは どんな でんしゃが すき?

おうちの方へ

「のる」は乗り物の中に入る、物の上にあがる、(↕おりる)という意味で使うほか、「気がのる」(調子づく)、「リズムにのる」(うまく合う)などのようにも使います。

おつかいに いく

きょうは おつかいに いくんだよ。
とまとを かう とき なにやさんに
いけば いいのかな？

おうちの方へ

「うる」↔「かう」のような、立場が変わると反対語になる言葉を教えてあげてください。また、おつかいは子どもにとって身近なものです。ひとりでおつかいができるようになると自信がつきますね。

ようふくを かう

きれいな ようふく、かわいい ぼうし。
どれに しようか まよっちゃう。
きみは どのふくが きに いった？

おうちの方へ

デパートは子どもが大好きな場所ですね。ここでは、「かう」↔「かわない」・「かえない」、「あう」↔「あわない」といった、否定形の言葉を多く取りあげました。言葉の使いわけを教えてあげましょう。

レストラン《れすとらん》へ いく

じぶんで えらんで ちゅうもん しよう。メニュー《めにゅー》を ひらいて 「うーん なにに しようかな。」

おうちの方へ

「よぶ」↔「よばれる」のように立場が変わると変化する言葉を扱っています。「よぶ」は能動形、「よばれる」は受動形です。言葉の使いわけが上手にできるように教えてあげましょう。

ぼくじょうへ いく

うしや うまたちは ひろい そうげんで くらしているんだね。ともだちに なって なかよく あそんでみよう。

おうちの方へ

「毛をかる」↓「毛をかられる」のように立場によって受身になる言葉が多く含まれています。また、牧場で生活する動物たちと、ふれあう言葉を集めました。

かいすいよくへ いく

うみは ひろいよ。なみが よせたり、ひいたり、おもしろいね。おもいっきり あそんで まっくろに なろうね。

おうちの方へ

「うめる」「うまる」、のように、ひとつの言葉も、立場が変わると、いい方が変わります。「ビーチボールを浮かべている子は誰?」「海に浮かんでいるのは何?」というように問いながら、教えてあげましょう。

かわで あそぶ

さかなは どうやって つるのかな?
えさを つけて、いとを たらすんだ。
いとが ひくって どんな かんじ?

おうちの方へ

「ひく」は引っぱられるという意味のほかにも、たくさんの意味があります。188頁には「ひく」の同音異義語を掲載しています。同じように「えさにかかる」の「かかる」も184頁に「かける・かかる」でまとめてあります。

そうげんで あそぶ

「ヤッホー《やっほー》。」やまに むかって
さけんだら、こだまが こたえたよ。
「ヤッホー《やっほー》。」って きこえたよ。

おうちの方へ

「ねころぶ」（横になる）には、あおむけ（胸が上）↕うつぶせ（胸が下）、腹ばい、など関連語がいろいろあります。「ねそべる」は体をのばして横になることです。また山が「連なる」とはならんで続いているようすです。

しんたいけんさを する

からだの おもさや せの たかさ。
いろんな はかるが あるんだね。
めもりは どこを さしているかな。

おうちの方へ

ここでは、測定の「はかる」を扱っています。身体検査では、様々な器具を使用します。また、それぞれ単位（キログラム、センチメートル）があることも教えてあげましょう。142頁の「はかる」も参照してください。

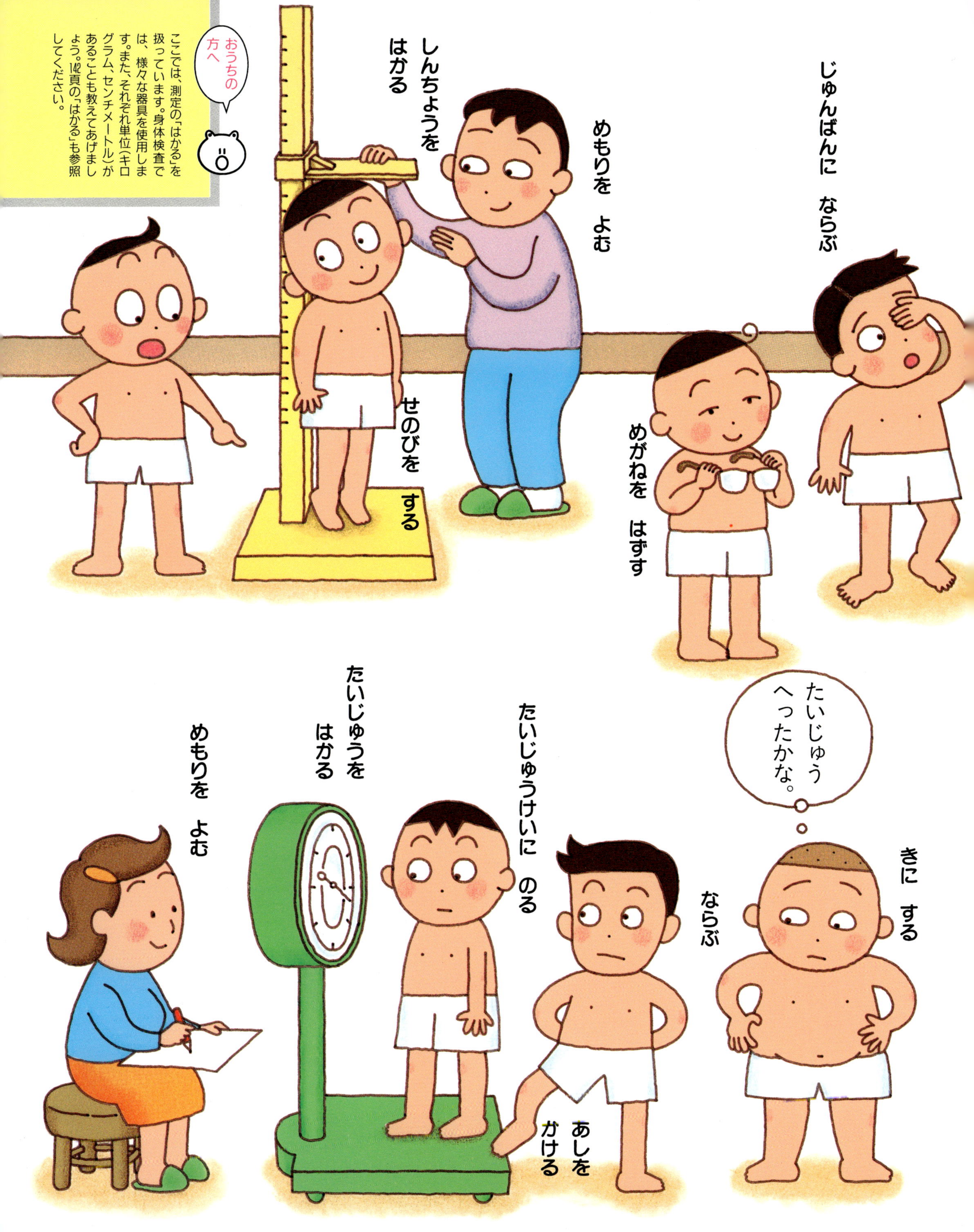

びょうきに　なる

さあ　たいへん！　からだの　ぐあいが
わるくなっちゃった。たいおんけいで
ねつを　はかってみよう。

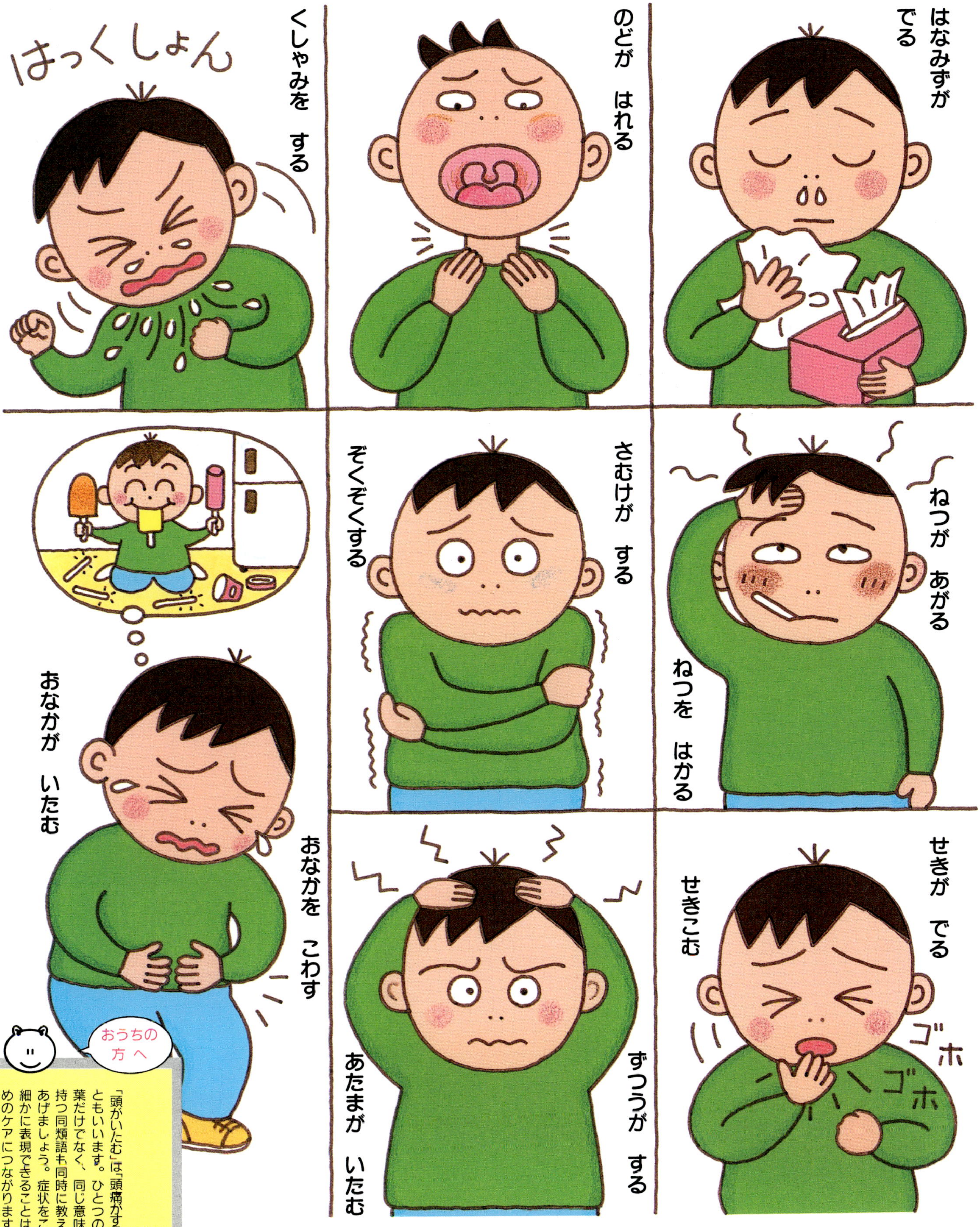

おうちの方へ

「頭がいたむ」は「頭痛がする」ともいいます。ひとつの言葉だけでなく、同じ意味を持つ同類語も同時に教えてあげましょう。症状をこと細かに表現できることは早めのケアにつながります。

けがを する

ころぶと いたいの なんでかな?
いたみが きえる おまじないを しよう。
「いたいの いたいの とんでゆけ」

きずが できる

すりむく

いたむ

ゆびを きる

ちが でる

けがを する

かまれる

かみつく

ひっかく

ひっかかれる

やけどを する

はが かける

ぶつかる

あたまを　ぶつける
（でんちゅうに
ぶつかる）

こぶが　できる

かいだんから
おちる

ハチ《はち》に　さされる

はれる

がびょうが
ささる

とげが　ささる

おうちの方へ

「指をきる」と「血がでる」「ぶつかる」と「こぶができる」「蜂にさされる」と「はれる」というようにけがの種類と症状をあらわす言葉を同時に教えてあげるとわかりやすいですね。くれぐれもけがには注意しましょう。

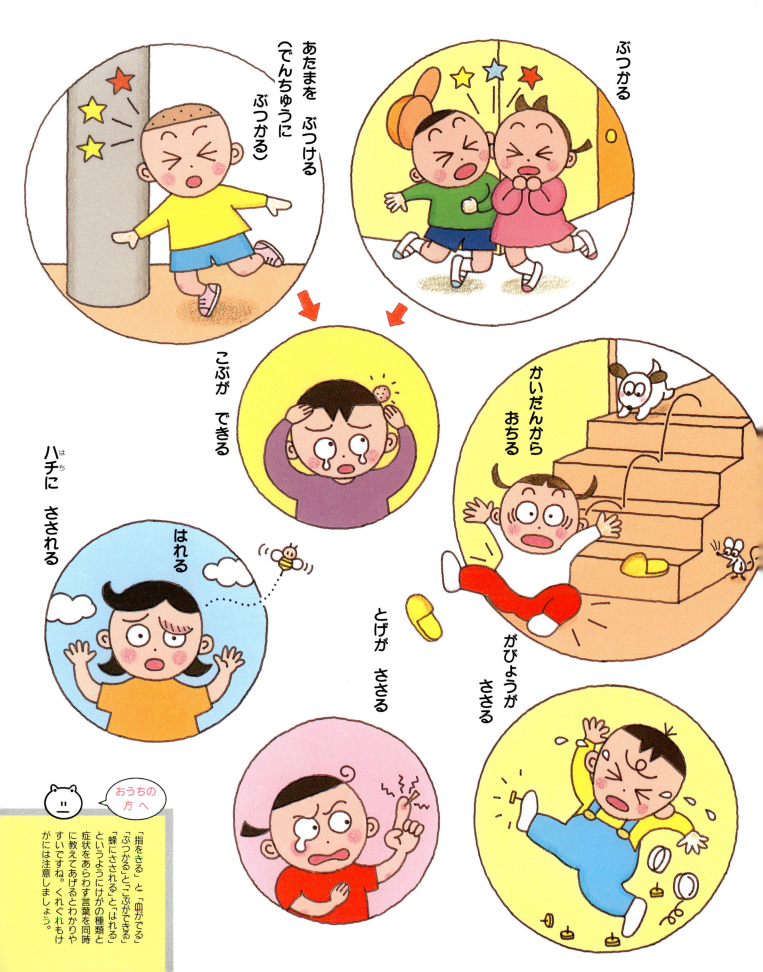

びょういんへ いく

かぜの とき けがの とき びょういんへ いこうね。そうしたら せんせいが はやく なおしてくれるよ。

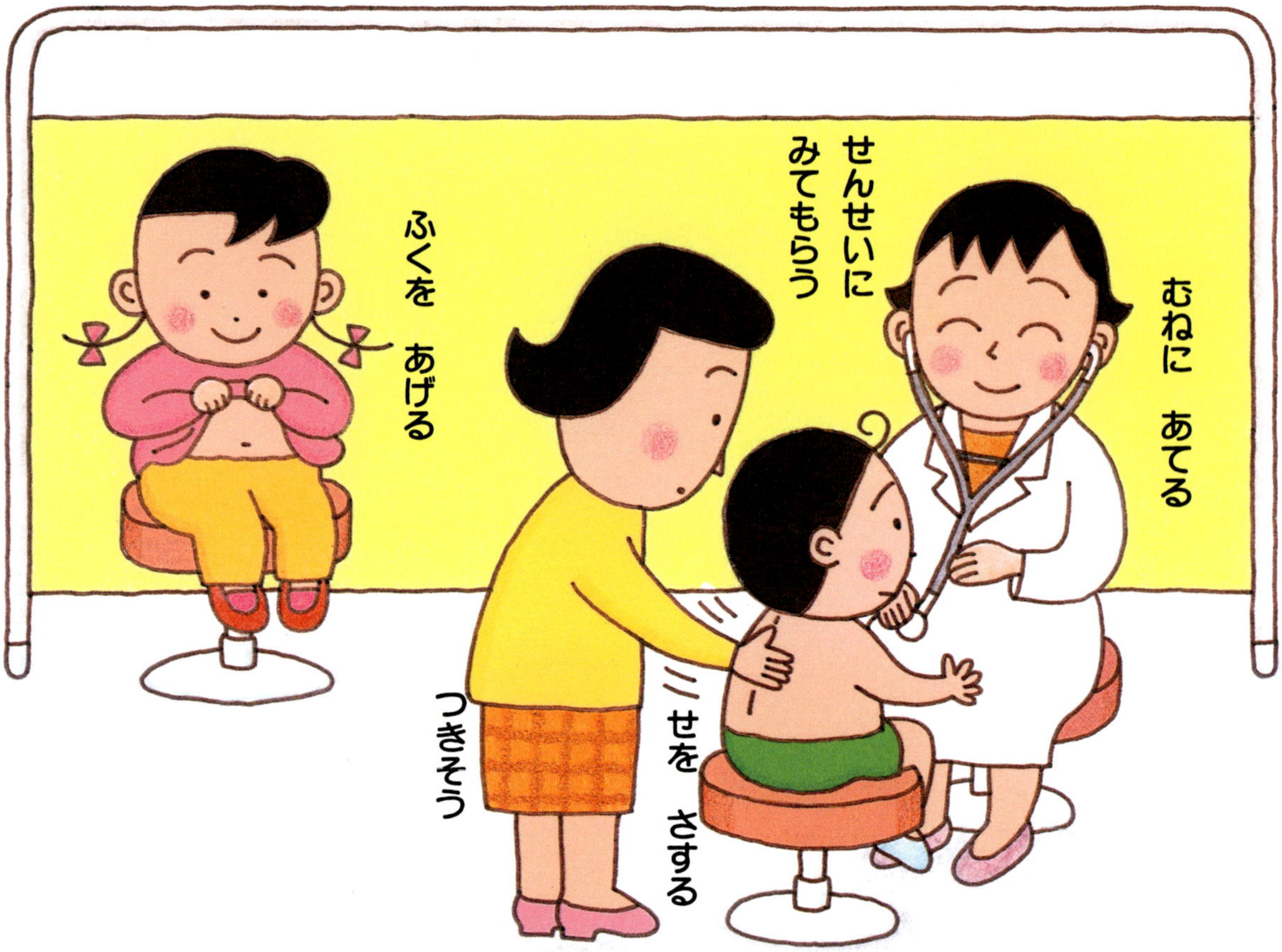

おうちの方へ

病院は病気やけがをなおすために行くところです。102頁の「びょうきになる」、104頁の「けがをする」につながる言葉ですので、ひと通りの流れで教えてあげましょう。

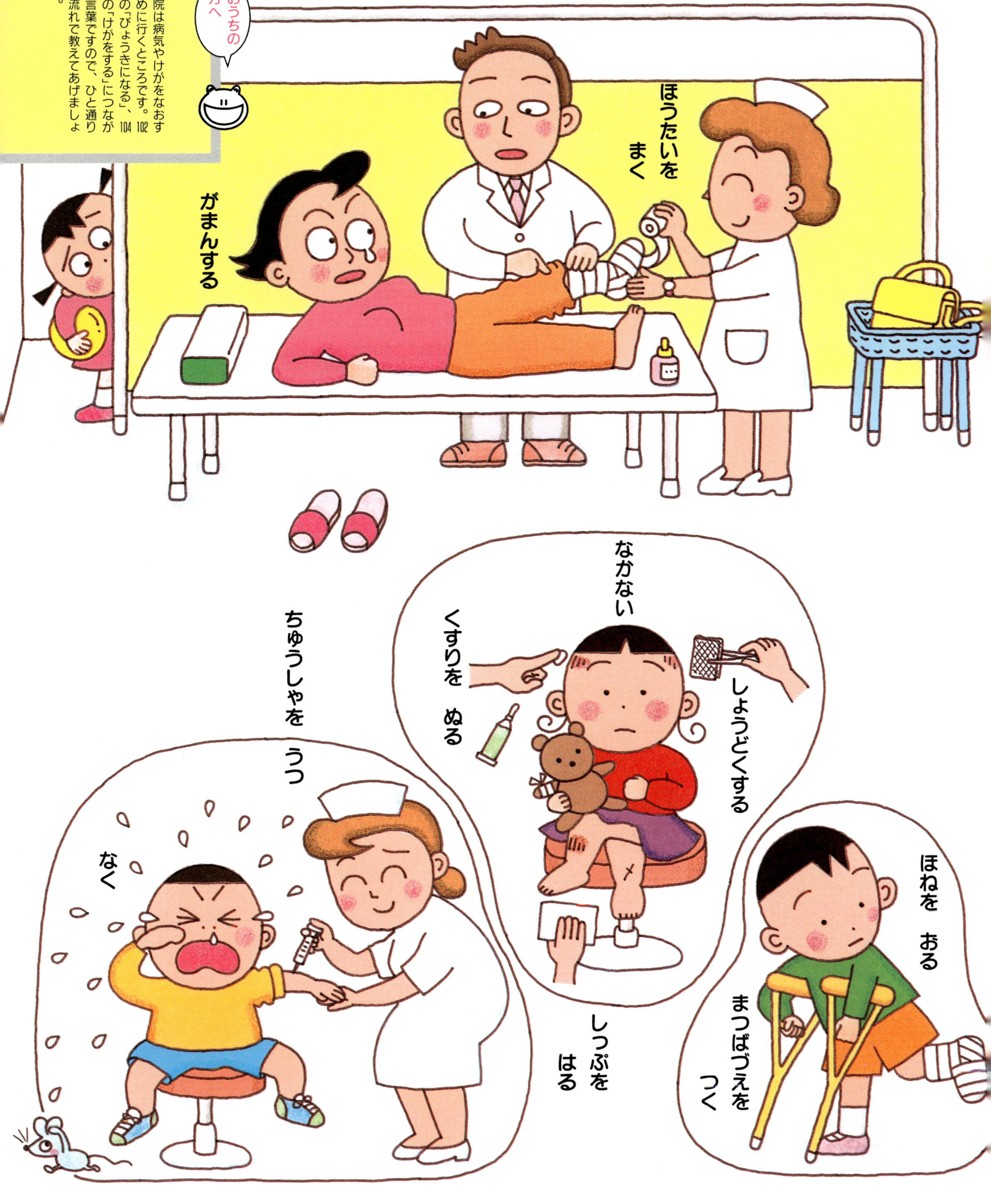

はいしゃさんへ いく

たべた あと きちんと はを みがいてるかな？ むしばに ならないように きを つけようね。

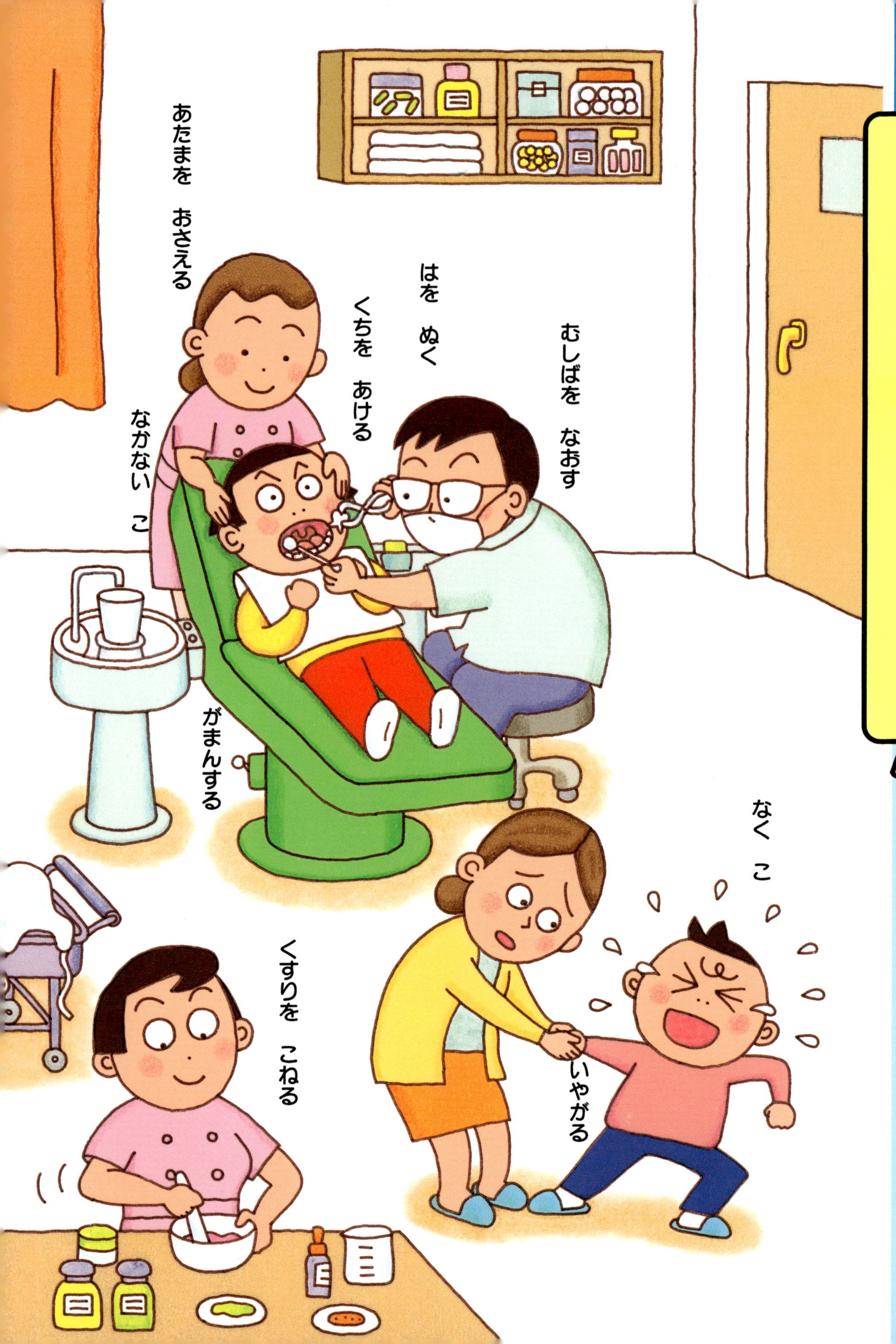
むしばを なおす
はを ぬく
くちを あける
あたまを おさえる
なかない こ
がまんする
なく こ
いやがる
くすりを こねる

おうちの方へ

歯の大切さは子どものころにきちんと教えておきたいものです。歯科は、虫歯を治療するだけでなく、予防のための検診や歯みがきの指導を行うところです。こわいところではないことを教えてあげましょう。

あさに なる・よるに なる

あさに　なる
あかるくなる
みせを　あける
でかける
バス
のりば

よるに　なる
くらくなる
みせを　しめる
バス
のりば

ひが　のぼって　あさが　くる。ひが
しずんで　よるに　なるよ。でんしゃも
バス《ばす》も、よるは　おやすみするんだね。

おうちの方へ

夜が「明ける」と、人が目を「開け」て、窓を「開け」たり、店を「開け」たりと、一日が始まります。逆に、夜はみんなが休む時間となり、一日が終わります。自然現象の変化とからめて、時間の変化を教えてあげたいものです。

あめが ふる

あめの ひは どんな ようす？ みずたまりに はいったら、しぶきが あがるよ。あめは いつ あがるのかなあ？

あめが ふる
かさを さす
あめに ぬれる
しずくが おちる
しぶきが あがる
しずくが たれる

おうちの方へ

気象に関する言葉にはとても微妙ないい方があります。「くもる」は「雲がおおう」、「かげる」ともいい、「雨がやむ」ことを「あがる」ともいいます。また、「にわか雨」の「にわか」は、「突然、急に」という意味です。

かぜが ふく・ゆきが ふる

つよい かぜが ビュー《びゅー》ビュー《びゅー》 ふいて、とばされそう。さむくなって しもが おりるのを きみは みた こと ある?

おうちの方へ

ここでも気象に関する言葉を扱っています。子どもにはむずかしい言葉ですが、霜は「おりる」、霜柱は「立つ」と、正しい使い方を教えましょう。「ふきこむ」は、「吹いて中に入る」ことのほか「録音する」という意味でも使います。

はるに なる

ぽかぽかと あったかくなって いい きもち。ひなたぼっこを しに いこう。はるの のはらは どんな ようす？

おうちの方へ

「春がくる」は春が近づくことをいい、「春になる」は春が完全にやってきたことをいいます。季節は「うつりかわる」といい、だんだんにかわっていくことをいいます。

なつに なる

じりじりと おひさまが てりつけて、
あつい なつが やってきた。ミーン《みーん》
ミーン《みーん》 げんきに なくのは？

にゅうどうぐもが でる
ひが てりつける
ひざしが つよい
はが しげる
じりじり ひに やける
なつに なる
あつい

おうちの方へ

「あつい」には、温度だけでなく、風がなく湿気が多い「むしあつさ」があり、「むす」などといいます。また、「てる」は太陽や月が輝くことで、はげしく照ることを「てりつける」といいます。

あきに なる

なつが おわって、すずしい かぜが ふいてきた。あきが きたんだね。はっぱの いろは どうなったかな?

おうちの方へ

「葉の色がかわる」ことを「紅葉する」といいます。また、「秋になる」の「なる」は、その状態にかわることをいい、「実がなる」の「なる」は、「実を結ぶ、実る」という意味です。

ふゆに なる

ふゆに なると ひが みじかく なるよ。
おひさまが はやく しずんじゃうね。
ふゆの おそとは どんなかな？

おうちの方へ

冬になると、空気が冷えこみ、空もどんよりと暗くなります。太陽の位置も低く、日暮れが早くなるせいなのですが、そのようなことも教えてあげられるといいですね。

おうちの方へ

このページでは、「～した」(過去)、「～している」(現在)、「～だろう」(未来)という活用の変化形を学べるようにしてあります。また、「～しおわる」は、完了したことがらをいいあらわすことができます。

きのう ふねで しゅっぱつして、きょうは ずっと ふねの うえ。あしたは どうなる？

きのう
よみはじめた。
わくわく
みなとを でた。
たべすぎた。
うまい うまい

きょう
よんでいる。
ひゃー
うみの うえに いる。
おなかを こわしている。
トイレ
いてててて…

あした
よみおわるだろう。
おもしろかった
しまに つくだろう。
なおるだろう。
おいしそー

2 ひろがる　ことば

いま、きみは、すわっているかな？　どんなふうに　すわってる？「すわる」にも、いろんなすわりかたが　あるんだ。からだや　あたまを　うごかすって、いろんな　やりかたが　あるんだよ。このほんを、ぼくが　かす、きみは　かりる。ぼくときみとで、ことばも　かわるよ。おなじ　「みる」でも、「テレビを　みる」と、「あじを　みる」では　ちがうよね。ことばって、おもしろいな。いろんな　いいかた　あるんだな。

この章は、動詞でも特に意味や用途が広い言葉、いい方に気をつけたい活用形などを集めました。また、いいかえられる言葉、似た意味を持つ類語、「たちあがる」のように別の意味が加わる派生語なども、できるだけわかりやすくまとめました。

たつ・すわる

せいざを している ひとは どこに いる？ あぐらを かいている ひとは だあれ？ かがむって どうするのかな？

たつ

たちどまる

たてる

たちくらむ

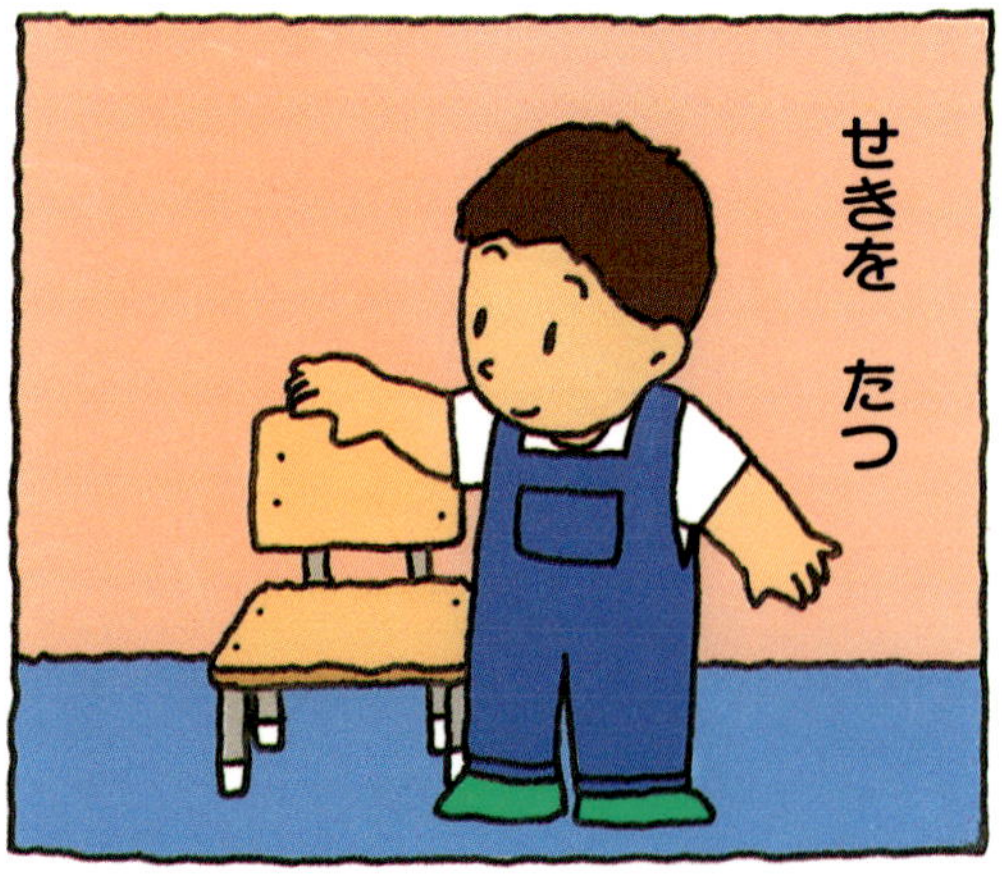
せきを たつ

たちあがる

ひざを たてる

たちのぼる

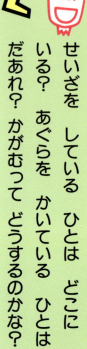

すわる

せいざを　する

こしかける

あぐらを　かく

あしを　くずす

あしを　くむ

またがる

ひざまずく

すわりこむ

かがむ

うずくまる

おうちの方へ

「かがむ」（しゃがむ）は、腰やひざを曲げて、姿勢を低くすることをいいます。体をまるめてかがむことが、「うずくまる」です。「またがる」は、足をひらいて乗ることで、「またぐ」は、足を広げて物を踏まないよう、越えることです。

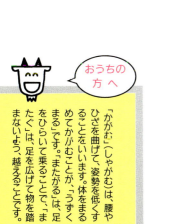

あるく

よちよち あるける ように なった こや、ころんで あるけない こが いるよ。かたつむりは どう あるく？

はやく あるく

のんびり あるく

あるきつづける

あるき つかれる

はう

あるけない
あるく

おうちの方へ

ここでは「あるく」（足を動かして進む）ことの、類語、派生語を集めました。「すすむ」は、前に向かって動くことで、「とまる」は、動かなくなることをいいます。また、「はう」は、手足やおなかを下につけて進むことをいいます。

はしる・かける

そりを　はしらせよう。いぬも　よろこんで　あたりを　かけまわるよ。あれ？　つかれて　はしれない　こが　いるぞ。

おう
おいつく
おいこす
はしる

かけのぼる
かけおりる

はしらせる
はしりだす
かけまわる

おいかける
おわれる

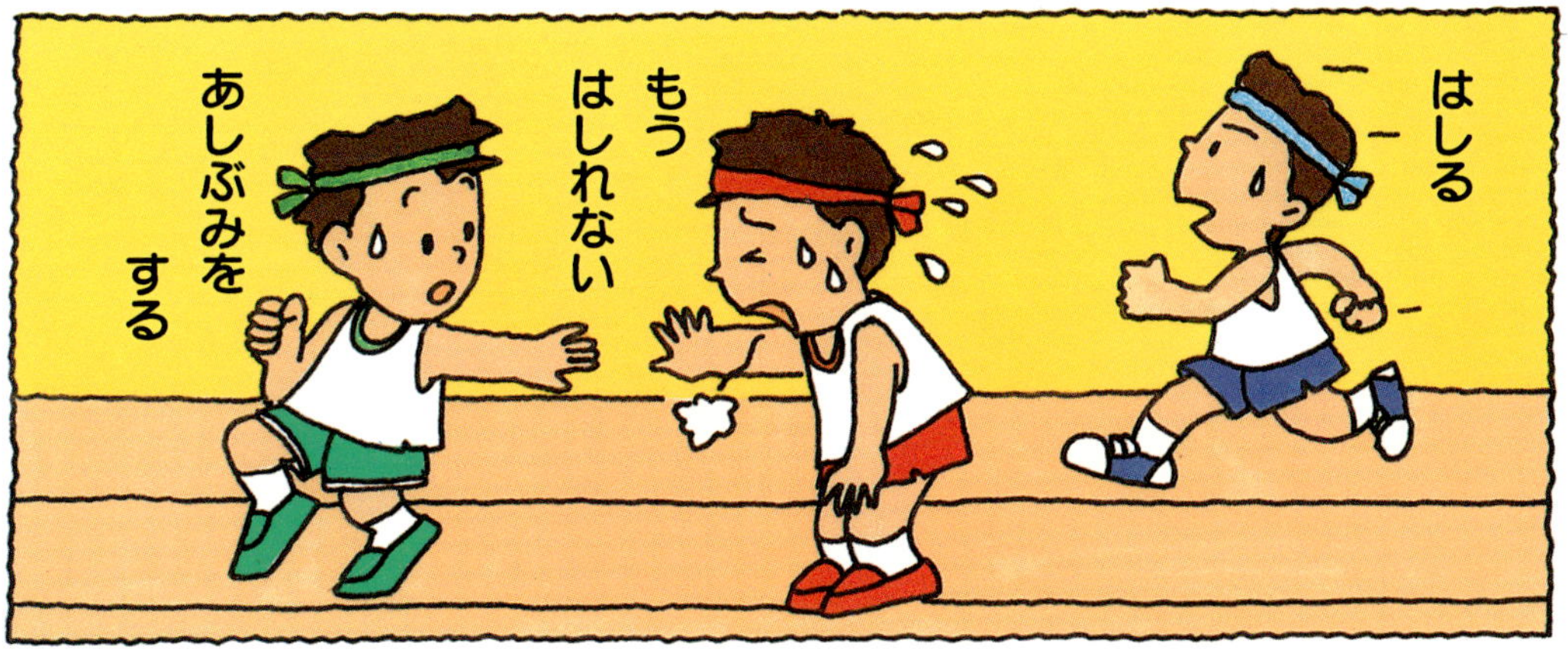
はしる
もう はしれない
あしぶみを する

おうちの方へ

「はしる」と「かける」は同じ意味ですが、「かける」は、人や動物に対してしか使わず、「はしる」のように、乗り物に対しては使いません。127頁に「とおる」がありますが、むこうにとどく、過ぎていくという意味になります。

かけよる
ころぶ

かける

くるまが とおる
とおりすぎる

とおさない
とおれない

とおす
とおりぬける

ふむ

つちを ふみかためて かだんを つくろう。でも、はなを ふみあらしては いけないよ。かげを ふむ こは どこ?

おうちの方へ

ここでは、「ふむ」（足をのせておしつけること）の、派生語を集めてあります。また、「ふむ」とは違いますが、足を使った動きとして「くぐる」（上がふさがっているところや物の下を通りぬけること）も加えてあります。

とぶ

さるが　きから　とびおりたり、うさぎが　いしを　とびこえたり、いろんな「とぶ」が　あるね。いぬは　どうしてる？

おうちの方へ

「とぶ」には、鳥などが空中を進むという意味や、足で跳ね上がるという意味があります。「まう」は軽く飛ぶ、「うかぶ」は空中や水上にある状態をいい、「はねる」には跳び上がるという意味のほかに、水が飛び散るという意味もあります。

すべる

すいすい すべる こ、そろそろ すべる こ、ころんで すべって たのしい スキー《すき》。てが すべった こは だれ？

おうちの方へ

「すべる」には、スキーやスケートのようになめらかに進むことのほか、ころびそうになることや、試験に落ちること、また、「口がすべる」のように、思わずしゃべってしまうという意味があります。

だく

おかあさんに　だきしめられると、とっても　きもちいい。あかちゃんも　だかれて、あんしんしているね。

よりそう

だきあう

キス《きす》をする

だきあげる

だきしめる

よりかかる
あまえる

だきつく

おうちの方へ

「だく」は、腕でかかえて持つことをいいます。ここでは、愛情表現としてのスキンシップに関する言葉を集めました。また、ある考えや気持ちを持つことも、「だく」(いだく)といいます。

つつむ

おかずが いっぱい つまった おべんとうばこ。きみは じょうずに ハンカチ《はんかち》で つつめるかな？

つめる
ふたを する
ふたを しめる
ふたを とじる
ハンカチ《はんかち》を ひろげる
つつむ
むすぶ

おうちの方へ

「つつむ」は、物を中に入れて外からおおうことのほか、「霧でつつまれる」のように外側からおおい囲むこともあらわします。「くるむ」は、巻くようにして、すっぽり包むことです。

つつむ
くるむ
つつみこむ

もうふに　くるまる

からだを　つつむ

つなぐ

むすぶ

しばる

かみを　むすぶ
（ゆう）

はこぶ

にもつを よいしょと もちあげて、ト《と》ラック《らっく》に はこびこむぞ。おもい にもつを かつぐ ちからもちは だれ?

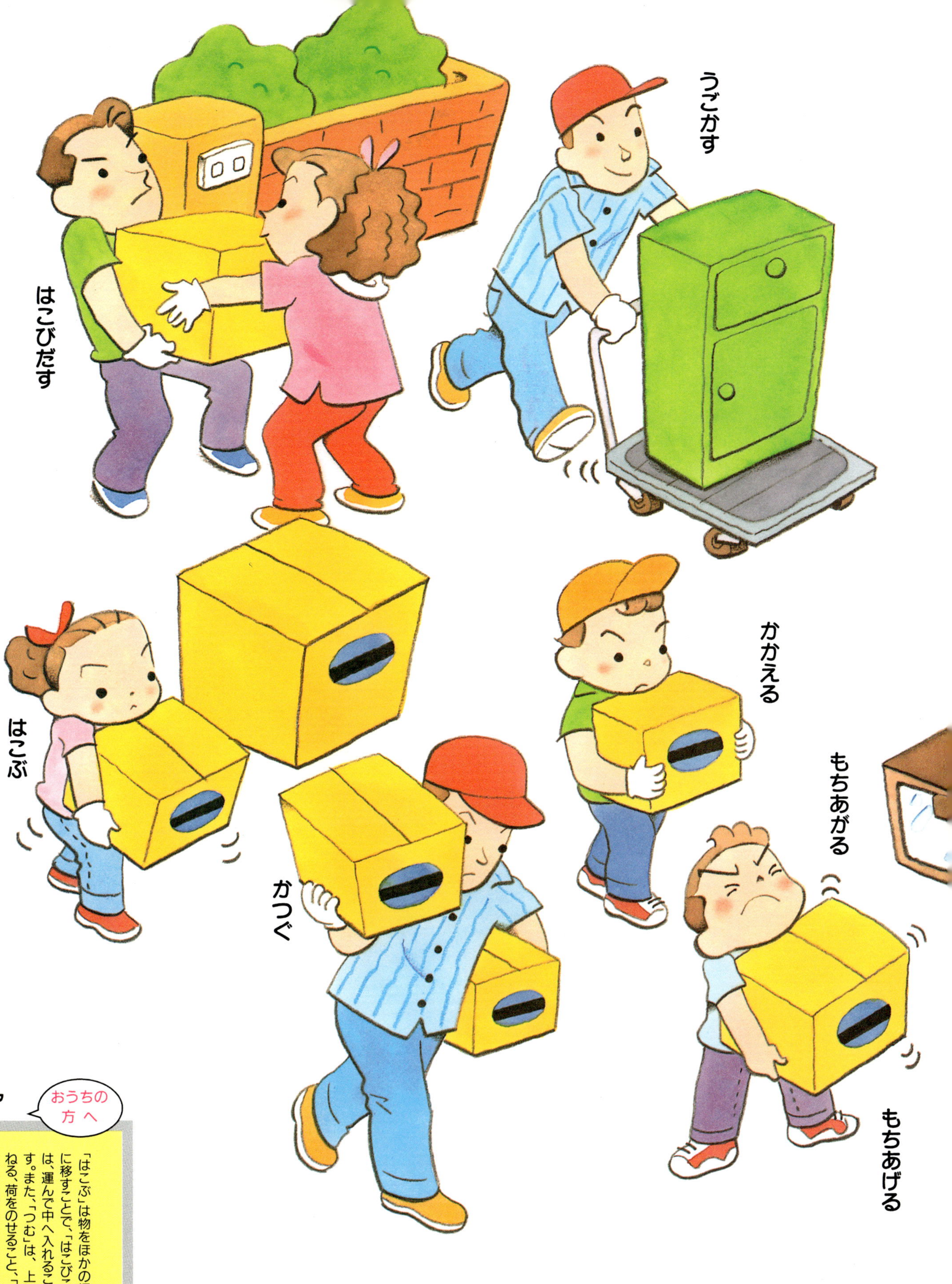

おうちの方へ

「はこぶ」は物をほかの場所に移すことで、「はこびこむ」は、運んで中へ入れることです。また、「つむ」は、上に重ねる、荷をのせること、「かつぐ」は、物を肩にのせて支えること、「かかえる」は、腕で抱くように持つことです。

て の うごき

にぎって、ひらいて、てを うごかして みよう。ゆびを おって かぞえたり、ゆびで さして おしえたり できるよ。

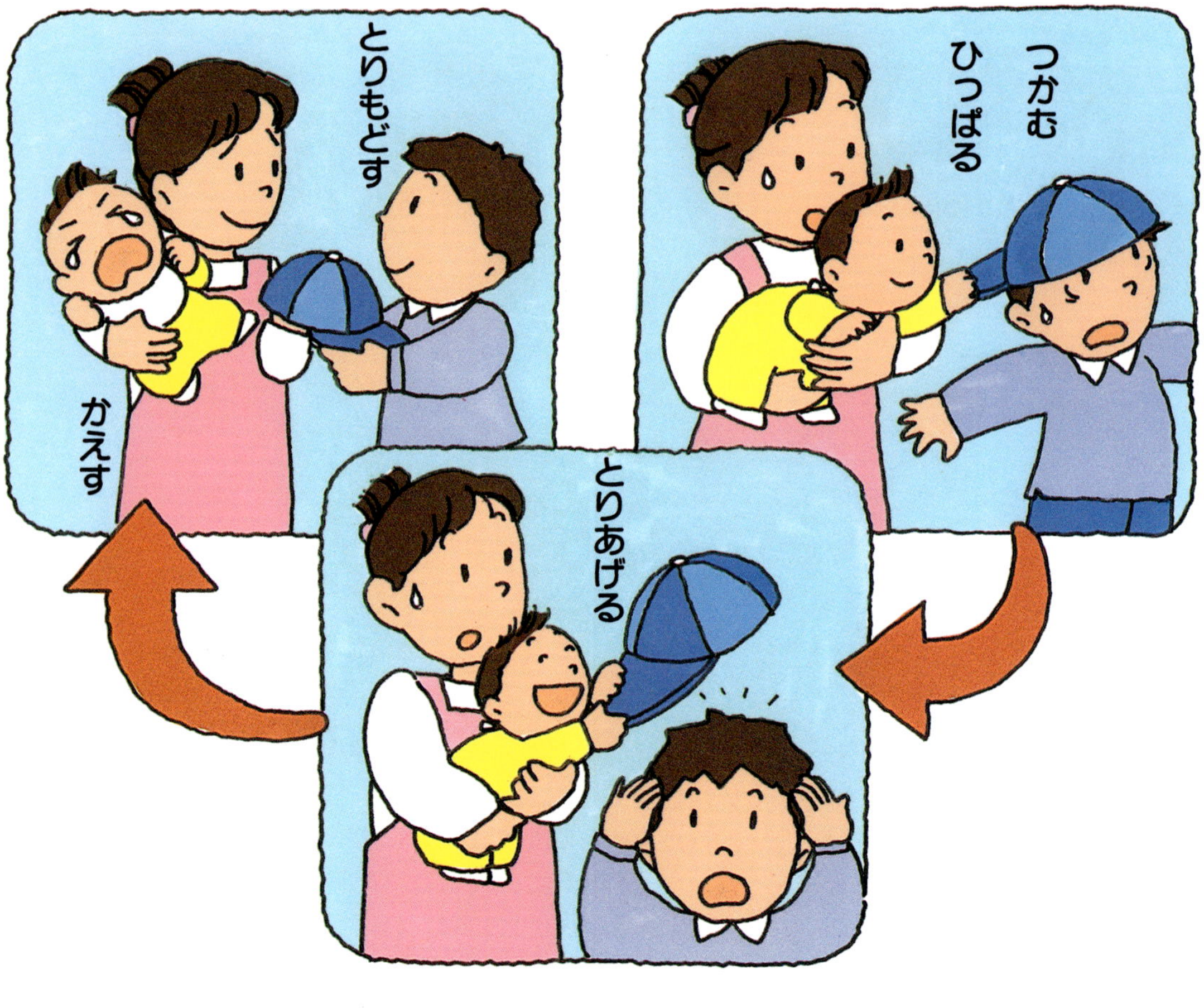

おうちの方へ

「にぎる」は、手の指を全部、内側にまげること、また、まげて物をつかむことをいいます。「つかむ」は、しっかりとにぎって持つことをいいますが、手に入れる、自分のものにするという意味もあります。

はかる

かかった　じかんを　はかったり、とんだ　きょりを　はかったりするね。
きみの　たいじゅう、はかってみよう。

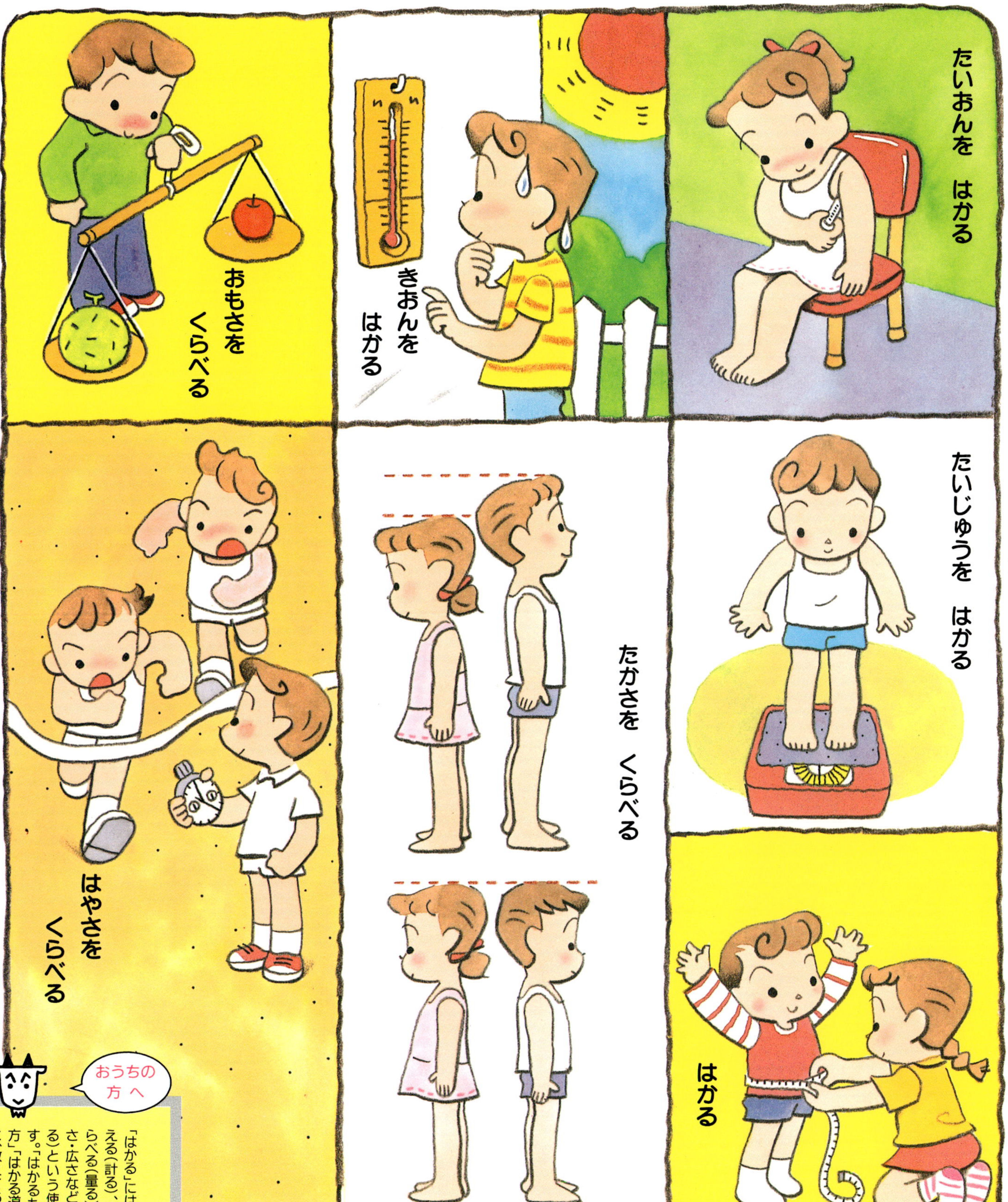

おうちの方へ

「はかる」には、数や時間を数える（計る）、容積や重さをしらべる（量る）、長さ・高さ・深さ・広さなどをしらべる（測る）という使い方があります。「はかるもの」と「はかり方」「はかる道具」をいっしょに、教えてあげましょう。

そらを　とんだり、みずの　なかに　すんでいたり、
ひとが　できない　こと、できるんだね。じめんを　はうのは　だれ？

じゃれあう

ちちを
やる
ちちを
のむ

つめを　とぐ

しっぽを
ふる
においを　かぐ

まるくなる

けづくろいを　する

えものを　おそう

けを
さかだてる
きばを
むく

おうちの方へ

動物の動きをあらわす言葉を集めました。「さえずる」は、鳥がしきりに鳴くこと、「はばたく」は、鳥がはねを広げてはたくように動かすことをいいます。「そだてる」のように難しい言葉も動物の親子を通して教えてあげてください。

どうぶつの うごき

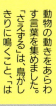

うまれた　ときは　ちいさかった　きみも、すくすく　そだって
おおきくなるよ。きみは　おとなに　なったら、なにに　なりたい？

そだつ

おうちの方へ

「生まれる」「生きる」「死ぬ」といった生き物の一生をあらわす言葉を説明するのは難しいことです。命の大切さとともに、身近な生物を例に、「生まれる」「死ぬ」という現象について教えてあげましょう。

おとなに　なる
けっこんする
かぞくが　できる
おとうさんに
なる
おかあさんに　なる
としを　とる
（おいる）

きみの　かおを　かがみで　みてみよう。　めや　はなや　くちは
どんなふうに　うごく？　めを　まるくするって　どんな　こと？

めを　とじる

めを　ほそめる

めを　まわす

めを　まるくする
ほおを　つねる

めを　つりあげる
みみを　ふさぐ

みけんに
しわを　よせる
はなを　つまむ

おうちの方へ

ほかに、慣用表現として「目がない」（とても好きだ）、「目にする」（見かける）「鼻がたかい」（得意だ）、「口をはさむ」（人の話の途中に割りこんで話す）といろいろあります。慣用句は意味を間違えて使いがちなので気をつけましょう。

かおの うごき

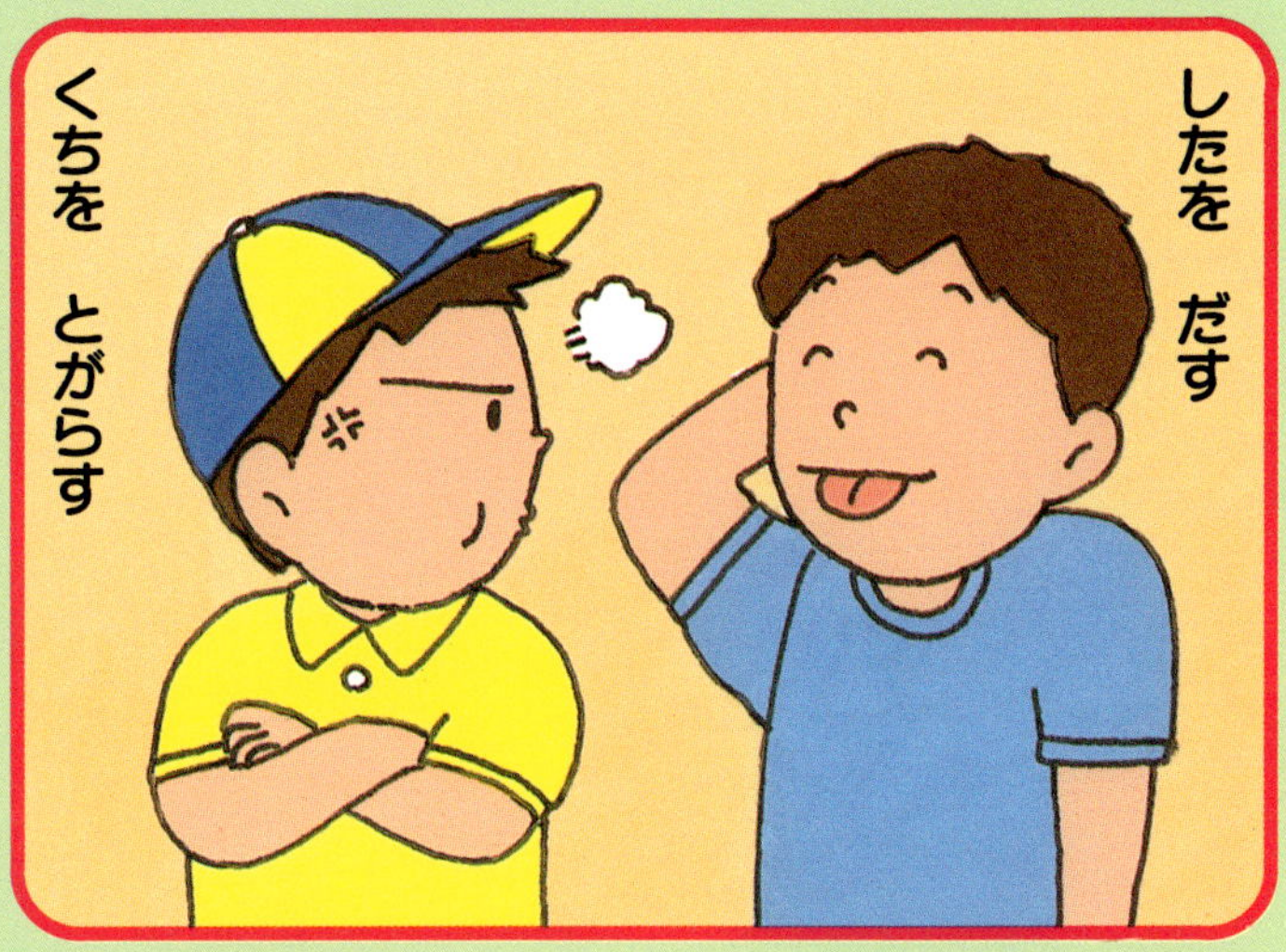
したを だす
くちを とがらす

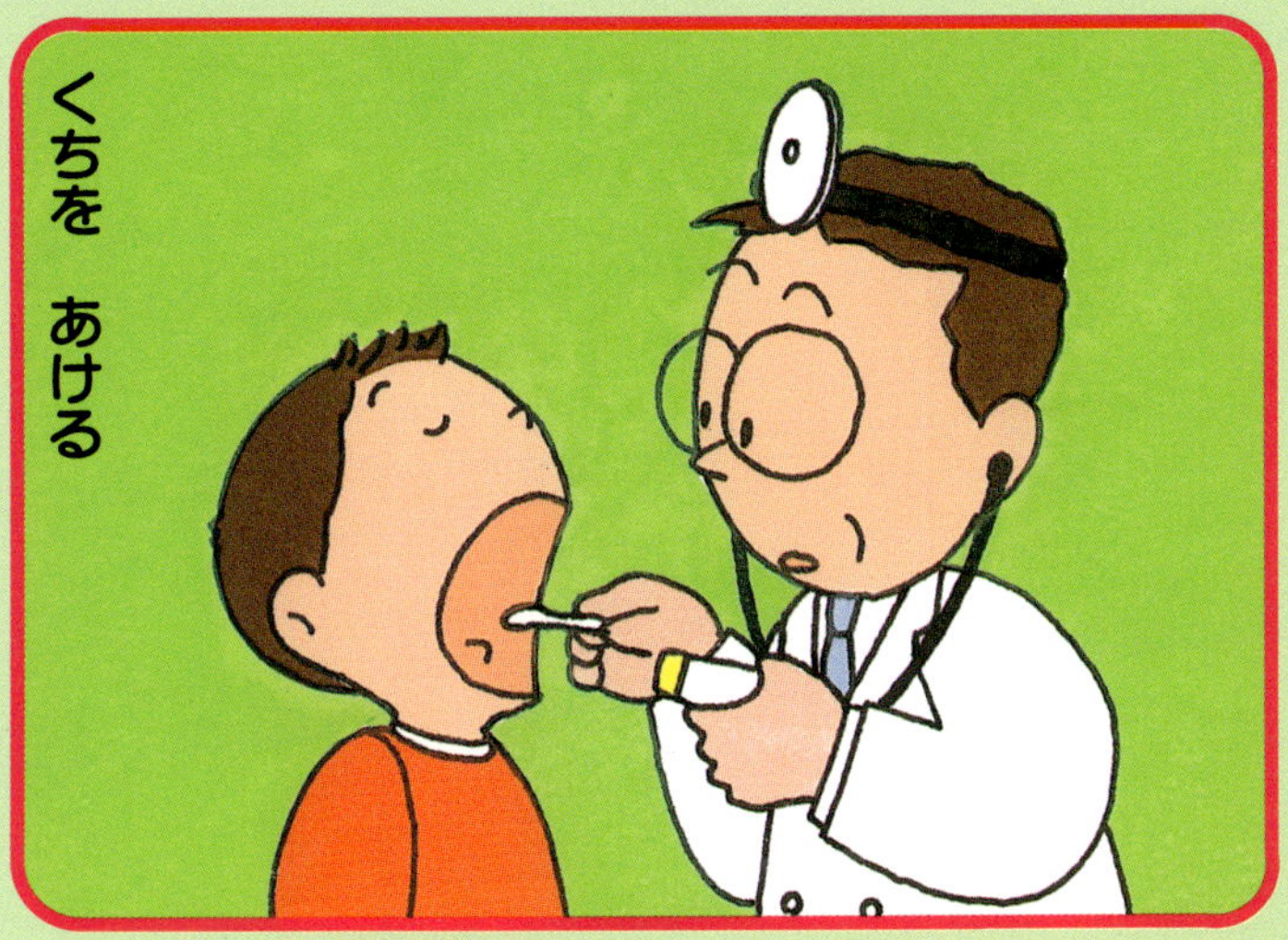
くちを あける

みみを そばだてる
くちを つぐむ

くちを とじる

ほおを ふくらます

くちびるを かむ

わらう

うれしい とき、 おかしい とき、 こえを だして わらったり、ほほえんだりするね。 わらった かおって、 すてきだね。

おうちの方へ

「わらう」という言葉には、声をあげて笑ったり、声をたてずに、にっこりしたり（ほほえむ）と、いろいろな意味があります。笑顔は、まわりの人を幸せな気持ちにしますね。「わらう」ことは心をひらく楽しいことです。

うふふ。

へへへ。
くすくす。
わはは。
とくいげに　わらう
げらげら。
おかしい

なく

かなしい とき、さみしい とき、うれしい ときにも なみだが でるよ。きみは どんな とき、ないてしまうかな？

なきさけぶ
おかあさーん。

かなしい ものがたりを よんで
なみだぐむ
マッチうりの
しょうじょ
マッチう

かなしくて しくしく なく

くやしくて なく
ぼろぼろ
なみだを こぼす
ぼろぼろ
うれしくて なく

おぎゃあおぎゃあ。
なきわめく
わーんわーん。

おうちの方へ

悲しい時だけでなく、うれしい時、悔しい時にも涙はこぼれます。「なきさけぶ」「なきわめく」は、大声で泣くことをいいますが、「なきさけぶ」は訴えるような、「なきわめく」は意味もなく騒ぐようなニュアンスです。

おこる

おかあさんに おこられると かなしく なっちゃうね。おかあさんは どうして おこったのかな？

そっぽを むく
しゃくに さわる
おこる
おこられる
バス
いらだつ
いらいらする
はらを たてる
どなる（おおごえで しかる）

おうちの方へ

「おこる」は、「腹をたてる」、「頭にくる」といった、思い通りにならず気を荒だてるという意味のほか、「しかる」という意味でも使います。また、「いらいらする」は、思うようにならず、あせったり、じれたりすることです。

いう

ことばを くちに だして じぶんの こと つたえよう。きみは おおきな こえで じぶんの なまえ いえるかな？

いえない
いいつける
いわない
いけんを いう

はなす
しゃべる

だまる
いいはる
いいかえす

おしゃべりを する

おもいでを かたる

おうちの方へ

「いう」は、「はなす」という意味のほかに「戸ががたがたいう」（音をたてる）、「これはモミという」（名がついている）などという使い方もします。「しゃべる」と「はなす」は同意で、「かたる」は順序だてて話すことです。

きく

おんがくが きこえてくるよ。むこうには おんがくを きいてる こが いるのかな。みみを すますと きこえるよ。

おうちの方へ

「きく」は「鐘の音を聞く」のように、声や音を感じとるという場合と、「音楽を聴く」のように、話や音などを集中してきくという場合があります。また「道をきく」、「いうことをきく」のようにも使います。

ねがう

こうしたいな。こうなると いいな。こんな もの ほしいな。たくさんの ねがいごと、どれだけ かなうかな？

しんじる
のぞむ
おねがいする
おねがいする

いのる
おとしだま
ねがう

てるてるぼうずに
たのむ

のぞみが　かなう

いのる
ねがいを
かく

いのる
（つよく　ねがう）

おうちの方へ

「ねがう」はこうしてほしいと思うことで、「たのむ」「のぞむ」ともいいます。また、「たのむ」には、「留守をたのむ」（まかせる、たよる）、「のぞむ」には「上から海をのぞむ」（遠くの方を見る）という意味もあります。

おもう

おかあさんの ことを おもうと こころが あったかくなるよ。きみの ことを おもってくれているからだね。

きれいだと おもう
（かんじる）

はれると おもう
（よそうする）

いじめるのは いけないと おもう
（かんがえる）

やきゅうせんしゅに なりたいと おもう
（ねがう）

アイデア《あいであ》を
おもいつく

げんきかな？

おばあちゃんを
おもいうかべる

わすれものを
おもいだす

おもいやる
（しんぱいする）

ごめんなさい。

おもいきって　いう
（けっしんする）

おうちの方へ

「おもう」は、心のはたらきについていう言葉で、考える、感じる、予想する、願う、心にかけるというように、広義に使われます。また、「かんがえる」は、頭をはたらかせてあれこれ思うことをいいます。

きもちの うごき

おかあさんは　いつも　きみが　きに
なって　います。だから　きを　つけて
きみを　みまもって　くれて　いるんだよ。

きに　なる（しんぱいする）

きに　する

きが　みじかい

きに　いる（すきに　なる）

きを　つける（ちゅういする）

きが　あう（なかが　いい）

きを　とられる

きが　ちる

きを　うしなう（いしきが　なくなる）

きが　つく（いしきが　もどる）

きが　つく（おもいだす）

きを　ひく（めだつ）

きが　きく

おうちの方へ

「気」にはいろいろな意味があり、さまざまな使い方ができます。「気がつく」も、絵のほかに、気が利く、注意が行き届くなどの意味があります。お子様には難しいかもしれません。よく使ういい方から教えてあげてください。

ほめる・ほめられる

かたを　たたいてあげたら、おばあちゃんが　よろこんで、「いいこだね。」って　ほめてくれたよ。うれしいな。

いい　こだね。
ありがとう。
ほめる
ほめられる

ありがとう。
いい　きもちだよ。
ほめる
ほめられる

おうちの方へ

受動と可能の活用形が同じ例・「みる」→「みられる」、受動と可能の活用形が異なる例・「うつ」→「うたれる」（受動）、「うてる」（可能）など、そのつど教えてあげましょう。

しかる・しかられる

「やめようね。」って、いわれてるのに、やっちゃったから、しかられたんだ。「ごめんなさい。」って、あやまれるかな？

おうちの方へ

ほかからの、はたらきかけがある動きは「〜れる・〜られる」の形になります。可能の意味で「〜れる・〜られる」の形になる場合もあるので(例・なげる→なげられる)気をつけましょう。

かす・かりる

かりた ほんは、かえす ひが きまっているよ。きみは かりた ものを、わすれず きちんと、かえしてるかな?

おうちの方へ

何かを一方の人が「かす」場合、もう一方の人は「かりる」といい、立場によって言葉が変わります。かりたものを、もとにもどすことが「かえす」ですが、かした人の立場からは「かえされる」といういい方になります。

あずける・あずかる

るすの あいだ、ことりを おとなりに あずけたよ。うさぎを あずかって る こは どこに いるかな？

おうちの方へ

小鳥を「あずける」人と「あずかる」人、手紙を「わたす」人と「うけとる」人など、言葉を対にして教えてあげてください。また、ある物を「とどける」に対して、逆の立場では「とどく」といいます。

まえの　ひとに　ぶつかっちゃった。ぶつけた　おでこが　いたいなあ。からすに　つつかれてる　ひとは　どこに　いるかな？

おうちの方へ

「ぶつける」は他動詞で、「ボールをぶつける」(なげつける)、「頭をぶつける」(強くあてる)などのように使います。「ぶつかる」は自動詞で、何かにうちあたる、つきあたるという意味のほか、困難などに出あうという意味もあります。

ぶつける・ぶつかる

こまってる　ひとが　いたら、どうしたのか、きいてみよう。もし、
きみに　てつだえる　ことが　あったら、たすけてあげようね。

「たすける」は他動詞で目的語をともないます。人や生き物を救う、手伝う、という意味のほか、「消化をたすける」のように、うながすという意味もあります。「たすかる」は、危険や死からのがれる、楽をするといった意味があります。

たすける・たすかる

ねこが　ゆのみを　たおして、しょうじを　やぶったぞ。へやは
めちゃくちゃだ。たおれた　もの、こわれた　ものは　どれだ？

おうちの方へ

ここでは、目的語にはたらきかける他動詞と目的語なしで完結する自動詞の組み合わせを、楽しく学べるようにしてあります。ほかにも「水をながす」「水がながれる」、「湯をだす」「湯がでる」など対にして教えてあげましょう。

こわす・こわれる

ことりが　いなくなっちゃった。さがしても　どこにも　いない、
みつからない。どこに　いったの？　みつけられるかな？

おうちの方へ

物の存在は「ある↕ない」といい、人や生き物は「いる↕いない」といいます。「みつける」は見て探しだすという意味ですが、「みつかる」はみつけることができるという可能性の意味と、～されるという受動の意味があります。

みつける・みつかる

みる

めを ひらいて「みる」だけじゃなくて めを とじていても ゆめは みるね。どんな とき「みる」って いうのかな？

みうしなう
にもつを みはる
（ばんを する）
バス
みまわす
みせる
みとれる
にらむ
ほしが みえる
そらを みあげる
みわける（くべつする）
ながめる
みおろす
のぞく
（みおろす）

あじを　みる
（しらべる）

めんどうを　みる
（せわを　する）

ゆめを　みる

みつめる

みとれる

ゆめを　みる
（あこがれる）

テ《て》レ《れ》ビ《び》を　みる

ようすを　みる
（かんさつする）

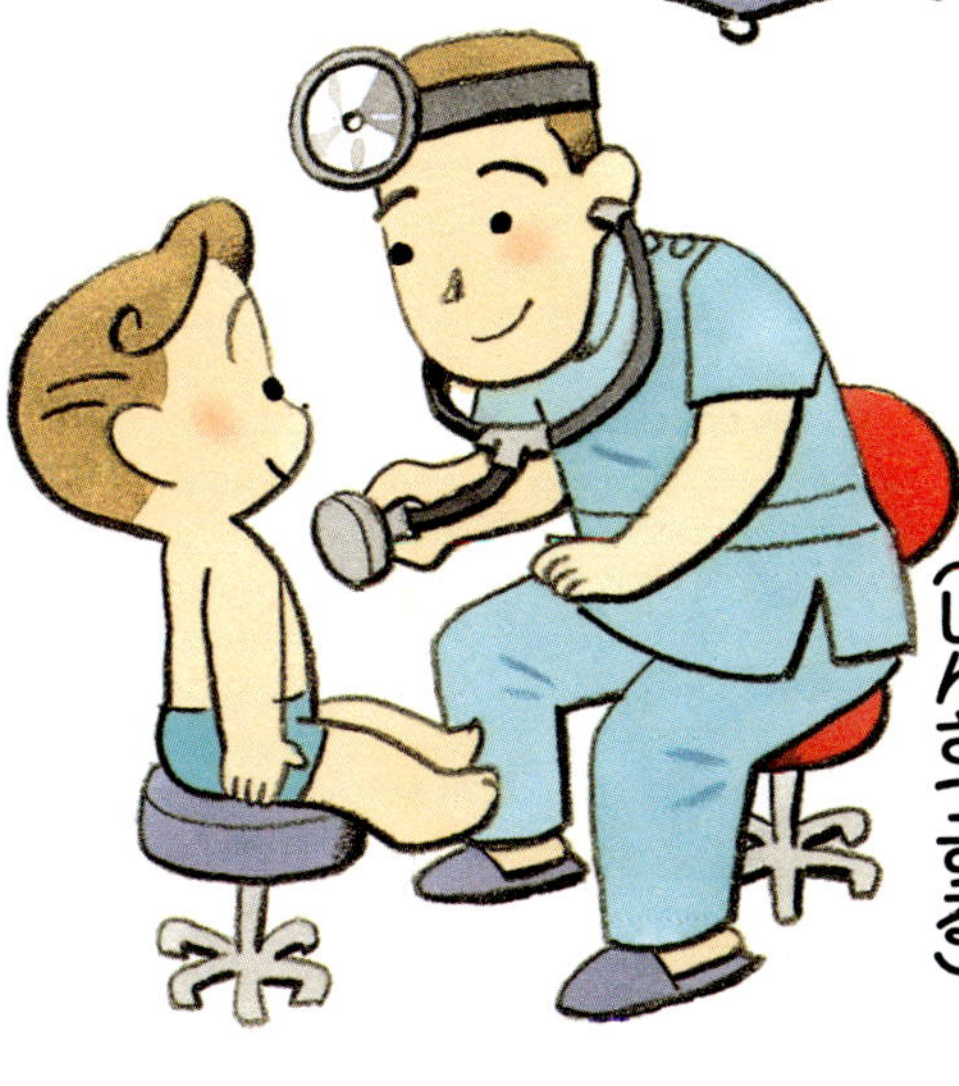

かんじゃを　みる
（しんさつする）

おうちの方へ

「みる」は、このほかに「試しに～してみる」といういい方にも使います。また、誰かに何かを見てもらうという意味の「見せる」や、光景として目に入るという意味の「見える」も。「空には何が見える?」と問いながら教えましょう。

とる

すもうや カルタ《かるた》は とって いいけど
ひとの ものを とるのは だめだよ。
きみの しってる「とる」は どれ?

めがねを とる（はずす）
ほんを とる
ぼうしを とる（ぬぐ）
カルタ《かるた》を とる
やすみを とる
てを とる
しゃしんを とる（うつす）
むしを とる
ちゅうもんを とる
メモ《めも》を とる（かく）
えいようを とる
しょくじを とる（たべる）

えものを　とる（つかまえる）

さかなを　とる（ぬすむ）

せきを　とる

しきを　とる

ひょうしを　とる

リズム《りずむ》を　とる

すもうを　とる

でまえを　とる

かじを　とる（そうじゅうする）

おうちの方へ

「取る」、「捕る」、「撮る」、「採る」（集める）で意味が違うほか、年を「取る」（重ねる）、機嫌を「取る」（うまく扱う）、汚れを「取る」（除く）、責任を「取る」（引き受ける）、いい点を「取る」（もらう）、こちらを「取る」（選ぶ）とも使います。

あげる・あがる

てを あげるの「あげる」だけじゃないぞ。おおきな こえを だす ことや、おふろを でる こと、なんて いう?

てんぷらを あげる

てんぷらが あがる

うでを あげる（うまくなる）

うえに あげる（↔おろす）

うえに あがる（↔おりる）

てを あげる（↔さげる）（おろす）

プレゼント《ぷれぜんと》を あげる（やる）

いえに あがる

いえに あげる（とおす）

はなびを あげる

はなびが あがる

こえを あげる（さけぶ）

たこが　あがる

たこを　あげる

スピード《すぴーど》を
あげる（だす）

しきを　あげる
（おこなう）

ゆから　あがる（でる）

かいだんを
あがる（↔おりる）

あがる
（きんちょうする）

おうちの方へ

プレゼントを「あげる」は、「やる」の敬語です。ほかに、温度・値段が「あがる」（高くなる）、成績が「あがる」（よくなる）という使い方をします。また、「仕上げる」（完成させる）、例を「取り上げる」（出す）といういい方もあります。

さげる・さがる

5F
1F
さがる（おりる）
うしろに さがる
ねつが さがる（ひく）
ねだんを さげる
ねだんが さがる（やすくなる）
¥5,000
¥2,000

でんしゃが くるから せんより うしろに さがろうね。エレベーター《えれべーたー》に のって したに いくのは なんて いう？

しょっきを　さげる
（かたづける）

あたまを　さげる
（おじぎを　する）

かたに　さげる

にもつを　さげる

たろう

なふだを　さげる

おうちの方へ

「下がる・下げる」には、上から下へ移る・移す、安くなる・安くする（以上、反対語は上がる・上げる）という意味のほか、垂れる・垂らす、退くという意味があります。「成績が下がる」（悪くなる）という使い方もします。

かける・かかる

おなじ「かける」だけど、でんわを かけたり、エンジン《えんじん》を かけたり、ふとんも かける。ちゃわんが こわれたら？

めがねを かける

アイロン《あいろん》を かける

でんわを かける

ふとんを かける（かぶせる）

ふくを かける

かべに かける（つるす）

えを かける

はしを かける（わたす）

うまが かける（はしる）

めいわくを かける

ベンチ《べんち》に かける（すわる）

つきが かける（↔みちる）

しおを かける

わなに かかる

わなに かける（しくむ）

ブレーキ《ぶれーき》を かける

こえを かける

みずを かける

みずが かかる

かぎを かける（しめる）

おんがくを かける（ならす）

おうちの方へ

ほかには、物を「賭ける」、賞金を「懸ける」、命を「懸ける」（代償とする）、お金・時間を「かける」・「かかる」（使う）、「とりかかる」（始める）、医者に「かかる」（みてもらう）、はしごを「かける」、という使い方もあります。

つく

つく（とうちゃくする）

でんきが つく（↔きえる）

でんきを つける（↔けす）

ひじを つく

ためいきを つく

どろが つく

うそを つく（いう）

そこを つく（なくなる）

つえを つく

どろが くっつくのも、うそを いうのも、どっちも「つく」だよ。じぶんの せきに すわる こと、なんて いう?

せきに　つく（すわる）

きが　つく（わかる）

「付く」（くっつく）、「突く」（刺す、押す）、「着く」（達する、届く）、「就く」（その状態になる）などの使い方のほか、話が「つく」（決まる）、目・耳・鼻に「つく」（強く感じる）、知恵が「つく」（加わる）という使い方もあります。

もちを　つく

おまけが　つく

かねを　つく（ならす）

ちからが　つく（つよくなる）

とこに　つく（ねる）

まりを　つく（はずませる）

ひく

つなを ひくのと、くじを ひくのは、ちょっと ちがう「ひく」だぞ。なみが ひくって どんな ことだろう？

つなを ひく

くじを ひく（えらぶ）

てを ひく

えじてんを ひく（しらべる）

バイオリン《ばいおりん》を ひく（えんそうする）

ひく（へらす）
（↔たす）
（くわえる）

くるまに ひかれる

かぜを ひく

なみが ひく（↔よせる）

せんを ひく（かく）

にもつを ひく（↔おす）
（ひっぱる）

あぶらを ひく（ぬる）

おうちの方へ

「ひく」には、自分の方へ寄せるなど、絵にあるような使い方のほか、線を「引く」（長くのばす）、血を「ひく」（受け継ぐ）、熱・腫れが「ひく」（もとの状態に戻る）、「挽く」（のこぎりで切る）などの使い方もあります。

でる

めから「でる」なみだ。そらに「でる」つき。ごはんを もりもり たべると げんきが…？

くちぐせが でる
でも でも
げんきが でる
なみだが でる
おなかが でる
よだれが でる
ちが でる
はなみずが でる
ねつが でる

つきが　でる（あらわれる）

リレー《りれー》に　でる（しゅつじょうする）

しんぶんに　でる（のる）

そとに　でる

めが　でる

バス《ばす》が　でる（しゅっぱつする）

せんから　でる

おうちの方へ

「でる」には、中から外へ行く、姿を見せる、出発する、出席・出場・参加する、卒業する、という意味のほかに、風が「でる」（生じる）、右へ行くと駅に「でる」（行きつく）といった意味の使い方もあります。

かえる・かわる

ピッチャー《ぴっちゃー》 こうたいは、ピッチャー《ぴっちゃー》を かえるって いうね。たまごから こどもが うまれる こと、なんて いう？

いえに かえる
（もどる）

たまごが かえる
（うまれる）

せんしゅを かえる
（こうたいする）

ひにちを（よていを）
かえる

いろが
かわる

ぶひんを
かえる
（こうかんする）

ふくを
かえる
（きがえる）

おうちの
方 へ

人・物・事がもとの場所・状態に戻るという意味での「帰る」、「返る」、「還る」や、改めるという意味での「変える」、他のものにとりかえる意味の「換える」、「替える」、「代える」、卵が子になる意味の「孵る」があります。

うつす・うつる

かがみに「うつる」と、かぜが「うつる」は　ちがう　ことだね。ものを　うごかす　ことを　なんて　いう?

おうちの方へ

「うつる」には大きく分けて、移動する、動くという意味での「移る」や、病気・癖が他から伝わる意味での「移る」、そして形や影が他の物の表面に現れる意味の「映る」、写真に撮られる意味の「写る」などがあります。

ある・いる

きみの まちの ゆうびんきょくは どこに ある? ゆうびんきょくに ようじが あるって どんな とき?

おまつりが ある
(おこなわれる)

ケーキ《けーき》が ある
(はいっている)

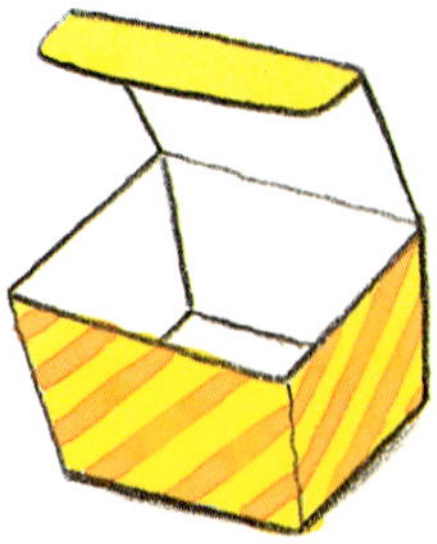

なにも ない
(はいっていない)

あそこに ゆうびんきょくが ある

ようじが ある

しんぱいごとが ある

ピアノ《ぴあの》が ある
(もっている)

あしあとが ある
(のこっている)

いもうとが いる

ひとが いる

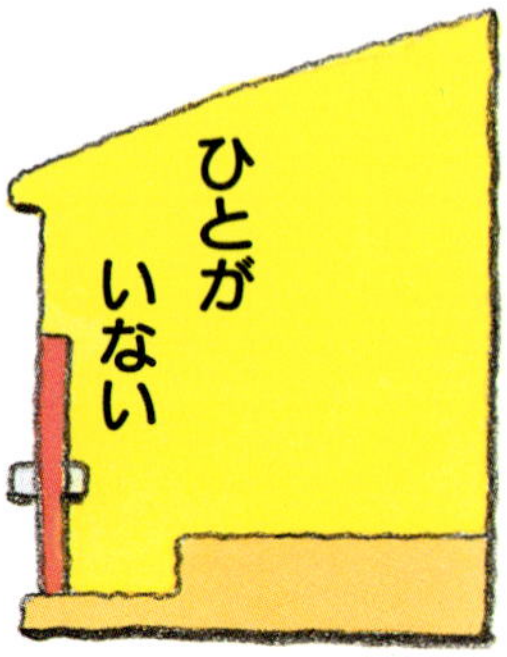

ひとが いない

いとこが いる

かみが いる
(ひつようだ)

しょうゆが いる
(ひつようだ)

おうちの方へ

「ある」は物がそこに位置していることのほか、見えるものだけでなく、ことが生じるという意味にも使います。また、人や動物があることを「いる」といい、必要という意味での「要る」とは違った使い方をします。

すむ

みずが すんで きれいな かわには
さかなが すんでいるよ。きみは
どんな ところに すんでいるのかな？

ひとりで すむ

かぞくと すむ

うみの
ちかくに
くらす

とかいに くらす

マンション《まんしょん》に
すむ

おおきな
いえに すむ

みずが すむ（すきとおる）

うつりすむ
（ひっこす）

ようじが すむ（おわる）

おうちの方へ

決まった場所で生活することを「住む」といい、「暮らす」はその日を過ごすといった意味で使います。また、「気がすむ」（満足する）、「話がすむ」（おわる）といった「済む」や、濁りやくもりがないという意味の「澄む」もあります。

できる・できない

ごはんが できたよ。おはしの よういは できたかな？ おこめは なにから できるか きみは しってるかな？

ともだちが できる

きずが
できる

ごはんが できる

たねが できる（とれる）

きで できた いえ

おつかいが
できる

みせが できる（たつ）

いもうとが
できる
（うまれる）

おうちの方へ

「できる」には、「～する力がある」といった可能の意味のほかに、「用事ができる」(生じる)、「木でできた家」(つくられる)、「種ができる」(とれる)、「できあがる」(完成する)という意味もあります。

できる
やさしい
むずかしい
できない

できる
できない

できない
できる

さかあがりが
できる

できない　けれど
できると　いいな
むりな
ねがい

おうちの方へ

語尾を変えることで動詞→名詞へ形が変わることを学べるように工夫しました。ほかにも、「おもう→おもい」、「はなす→はなし」などがあります。また、形容詞→名詞「おおきい→おおきさ」という例もあります。

おもいでが　たくさん　つまった　しゃしん、きみは　どんなことを　おもいだす？

おもいつき

おもいつきで　ねこの　まねを　してみる。

おもいつく

プレゼント《ぷれぜんと》に　いい　アイデア《あいであ》を　おもいつく。

○○ちゃんの すきな ぞうさんの えを たくさん あげよう。

おもいで

たのしい　おもいでの　しゃしん。

おもいだす

おいしい　ケーキ《けーき》の　あじを　おもいだす。

おもいやり

こまっている　ひとを　たすけてあげる　おもいやり。

こっちです。

おもいやる

はなが　げんきに　そだつように　おもいやる。

おはよう。

おもいきり

おいしい　くうきを　おもいきり　すう。

おもいきって

おもいきって　にがてな　にんじんを　たべてみる。

3 どんなかな？

いろんな ことを かんじる はたらきが からだには たくさん あるよ。たとえば、め。いろや、かたちを みて きれいだなって かんじるんだ。みみは おとを きいて かんじるし、はなで においを かんじるね。したでは、いろんな あじを かんじる。からだは あつたかい、とか いたいって かんじたりするね。おなじように、こころでも、いろんな ことを、かんじるよ。たのしい、とか うれしいって かんじるのって どんなかな？

この章は、形容詞を中心に、物の状態や性質をあらわす言葉を集めました。擬音語や擬態語のように微妙なニュアンスをあらわす言葉も、よく使われるものをとりあげました。表現力の豊かさを養ってほしいと思います。

あかい

あかい たべもの さがしてみよう。トマト《とまと》 りんご いちご…。つぎは あかい はなを さがしてみよう。

あかい ゆうやけ

まっかな たいよう

あかい リボン《りぼん》

あかい とうがらし

あかい ピーマン《ぴーまん》

あかい ウインナー《ういんなー》

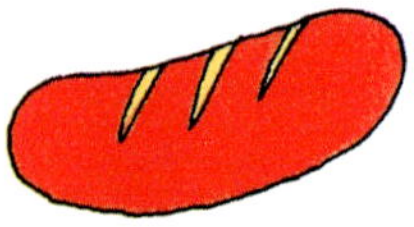

ほおを あからめる

まっかな バラ《ばら》

まっかに なる

あかい しょうぼうしゃ

まっかな ひ

あかい　りんご

あかい　ルビー《るびー》

あかい　さくらんぼ

あかい　いちご

あかい　トマト《とまと》

あかい　ふうせん

あかい　くつ

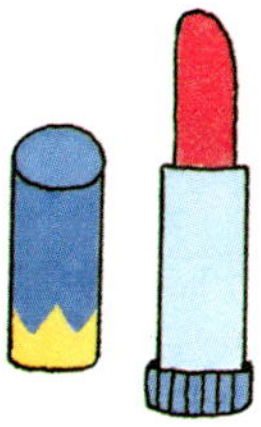

あかい　くちべに

あかい　チューリップ《ちゅーりっぷ》

あかい　ふくの
サンタクロース《さんたくろーす》

あかい　たこ

あかい
カーネーション《かーねーしょん》

あかい　ポスト《ぽすと》

あかい
ランドセル《らんどせる》

おうちの方へ

ものの色を表現する「あかい」のほかに、たいへん赤いようすをあらわす「まっかな」、ほおを紅潮させる意の「あからめる」などの言葉も紹介しています。

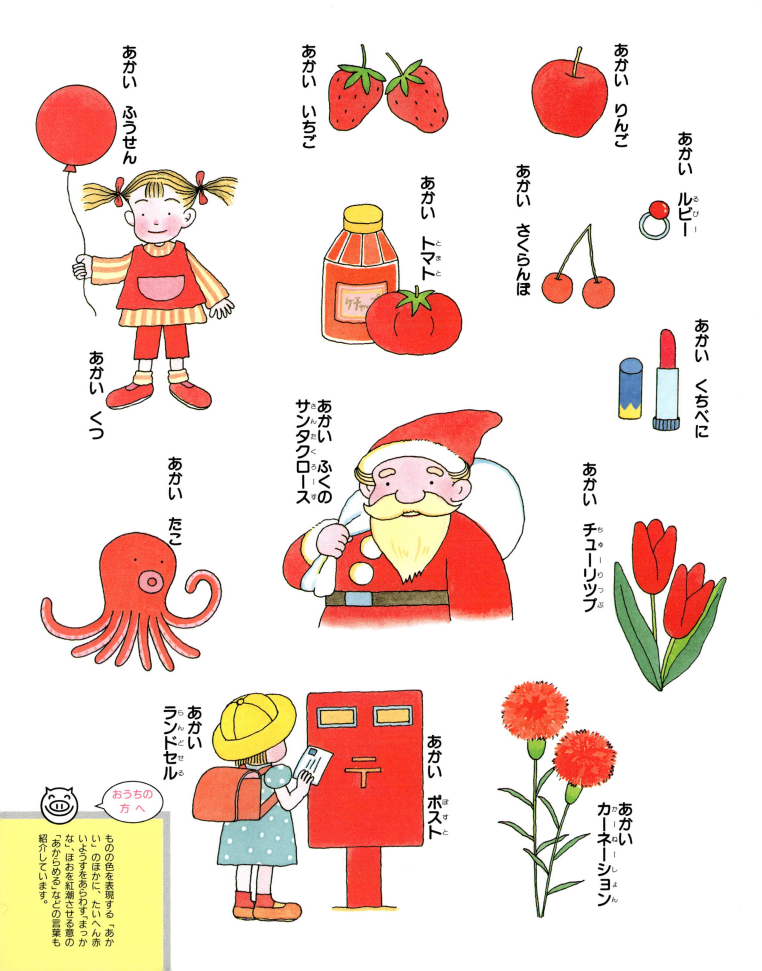

あおい

あおい くるま
あおい ぼうし
みずいろの シロップ《しろっぷ》
ボート
みずいろの サンダル《さんだる》
あおい ペンキ《ぺんき》
あおい バケツ《ばけつ》
あおい パラソル《ぱらそる》
あおい パンツ《ぱんつ》
あおい チェア《ちぇあ》

あおい　そら　あおい　うみ。あおい
ものは　すずしそうだね。あおに　しろ
を　まぜると　なにいろに　なるかな?

おうちの方へ

ここでは、「あおい」と、薄い青で空色ともいう「みずいろの」を取りあげています。また、雲ひとつないような晴れた空を「まっさおな空」といったり、顔色が悪いようすを「あおい顔」と表現したりします。

きいろい

たんぽぽの はなが さいて、あたり
いちめん きいろが ひろがっている。
きいろい もの ほかにも あるかな?

きいろい とり
きいろい ちょうちょう
きいろい ふうせん
きいろい ぼうし
きいろい ワンピース《わんぴーす》
きいろい かばん
きいろい ひよこ
きいろい くつ
きいろい やね
きいろい たんぽぽ

おうちの方へ

「きいろ」は、遠くからでも見やすい目立つ色として、信号機（標識）や通学する児童の黄色い帽子や傘に使用されています。街の中の黄色いものをお子様といっしょに探してみましょう。

みどりいろの

なつに なると くさや はっぱが みどりいろに なって かがやくよ。みどりいろの やさいも おいしそうだね。

きみどりいろの このは
みどりいろの このは
みどりいろの ぼうし
きみどりいろの くさ
きみどりいろの ぼうし
みどりいろの むし
みどりいろの かえる
みどりいろの はっぱ

みどりいろの ピーマン《ぴーまん》

きみどりいろの バッタ《ばった》

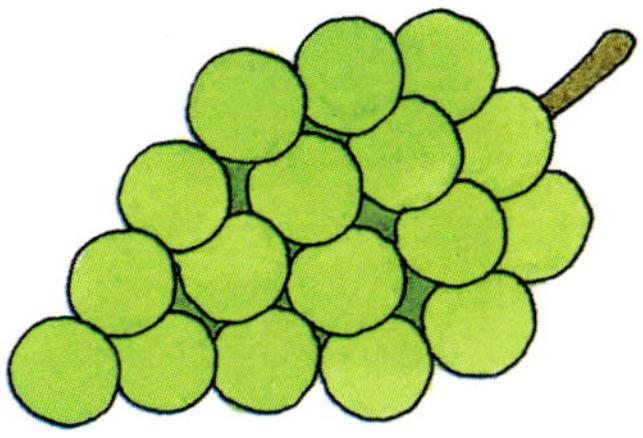

きみどりいろの ぶどう

みどりいろの きゅうり

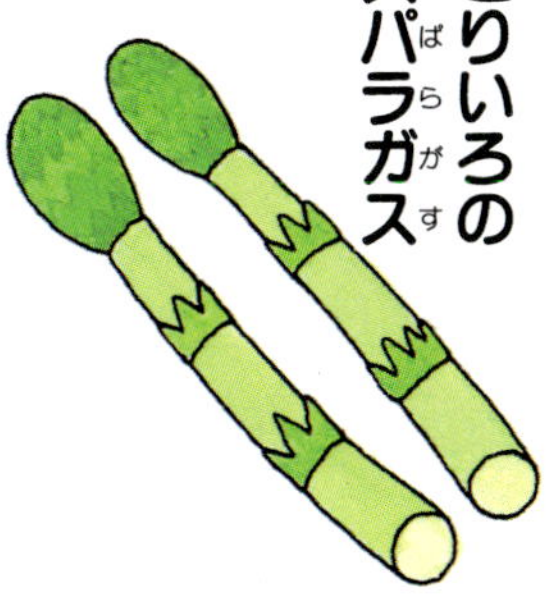

みどりいろの アスパラガス《あすぱらがす》

みどりいろの もみのき

きみどりいろの レタス《れたす》

きみどりいろの キャベツ《きゃべつ》

みどりいろの ブロッコリー《ぶろっこりー》

みどりいろの メロン《めろん》

みどりいろの パセリ《ぱせり》

みどりいろの ほうれんそう

みどりいろの カメレオン《かめれおん》

みどりいろの サボテン《さぼてん》

みどりいろの かめ

おうちの方へ

「みどりいろ」は、木の葉や野菜など、おもに自然界のものをあらわす色です。ほかに、「もえぎいろ」「うぐいすいろ」「きみどり」「あおみどり」があります。

ピンク《ぴんく》いろの

さくらの　はなや　ももの　はな。
ピンク《ぴんく》いろは　かわいいね。ほかにも
ピンク《ぴんく》いろの　はな　みつけてみよう。

さくらいろの
さくら
ピンク《ぴんく》いろの
はなびら
ピンク《ぴんく》いろの　くつ
ピンク《ぴんく》いろの
くつした
さくらいろの
さくらもち
ピンク《ぴんく》いろの
リボン《りぼん》
ももいろの　もも
ピンク《ぴんく》いろの
ぼうし
ピンク《ぴんく》いろの
ワンピース《わんぴーす》

おうちの方へ

「ピンクいろ」は、濃い色から薄い色まで幅広く、特に淡いピンクについては「ももいろ」「さくらいろ」ともいいます。また、絵の具で赤と白を混ぜあわせると「ピンクいろ」になることを教えてあげましょう。

ちゃいろい

あきに なると たくさん とれる
どんぐりや くりの みが あるね。
きのこは どんな いろを してる？

おうちの方へ
子どもが認識する「ちゃいろ」は、おもに大地や木の幹・枝の色など自然界のものの色です。茶色の中には、「こげちゃ」「くりいろ」「おうどいろ」などもあります。
ちゃいろい うま
ちゃいろい みき
ちゃいろい うし
ちゃいろい くり
ちゃいろい いぬ
ちゃいろい きのこ
ちゃいろい うえきばち
ちゃいろい レンガ《れんが》
ちゃいろい つち

だいだいいろの

あかと きいろを まぜてみよう！ だいだいいろに なるんだよ。オレンジ《おれんじ》 ジュース《じゅーす》と おなじ いろだね。

だいだいいろの ペンキ《ぺんき》

だいだいいろの みかん

だいだいいろの はな

だいだいいろの ほおずき

だいだいいろの アイス《あいす》

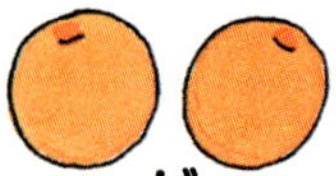

だいだいいろの きんかん

だいだいいろの にんじん

だいだいいろの ワンピース《わんぴーす》

だいだいいろの かき

オレンジ《おれんじ》いろの オレンジ《おれんじ》ジュース《じゅーす》

オレンジ《おれんじ》いろの オレンジ《おれんじ》

だいだいいろの あめ

おうちの方へ

「だいだいいろ」は、「オレンジいろ」ともいいます。みかんに似た木で、正月の飾りなどに使用する橙の実の色から「だいだいいろ」と名前がつけられました。

むらさきいろの

なすや ぶどう、すみれの はなも むらさきいろだね。どのいろを まぜあわせると むらさきいろに なるかな？

ふじいろの はな

あおむらさきいろの りんどう

むらさきいろの ラベンダー《らべんだー》

むらさきいろの ネクタイ《ねくたい》

むらさきいろの ふろしき

むらさきいろの ぶどう

ぶどういろの ジュース《じゅーす》

むらさきいろの ほうせき

むらさきいろの すみれ

むらさきいろの なす

おうちの方へ

赤と青の間色の「むらさきいろ」は、「ふじいろ」「すみれいろ」「ぶどういろ」「えどむらさき」「ききょういろ」など赤紫から青紫まで微妙に違った色合いがあります。

しろい・くろい

まっくろな からす
しろい とり
くろい うさぎ
しろい うさぎ
しろい ぼうし
しろい えり
しろい ボタン《ぼたん》
まっしろな ゆき
しろい てぶくろ

うさぎは まっしろ、からすは まっくろ。しろと くろの しまもようの どうぶつ なあに?

うし

パンダ《ぱんだ》

しまうま

くろくなる

くろく　ぬる

まっしろ

サッカーボール《さっかーぼーる》

ペンギン《ぺんぎん》

さいころ

ピアノ《ぴあの》

まっしろな　かみのけ

まっくろな　かみのけ

くじら

シャチ《しゃち》

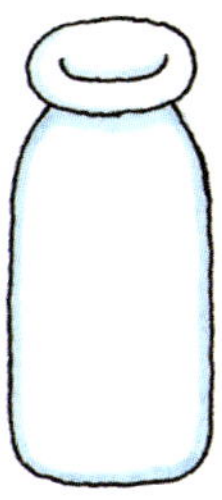

ミルク《みるく》

コーヒー《こーひー》

おうちの方へ

白と黒は色だけでなく、「目を白黒させる」（驚いたようす）や「白黒はっきりさせる」（物事の善悪を見定める）のようにも使われます。また、白と黒を混ぜると灰色（ねずみ色）になります。

いろいろな いろ

にじは なないろ。どんな いろが あるのかな? クレヨン《くれよん》の いろの なまえ いくつ いえるかな?

にじ
むらさき
あい
あお
みどり
きいろ
だいだい
あか

おうちの方へ

「赤」のように「ーい」(赤い)、「ーの」(赤の)を語尾につけて形容詞になるものと、「緑の」のように、語尾に「ーの」しかつかないもの、また「黄」のように「色」を用いて「黄色い」「黄色の」と表現するものがあります。

まるい

まるい ドーナツ《どーなつ》
まるい だんご
まわす
まわる
まるい さら
まるい ボール《ぼーる》
かいてんする
まるくなる
まるい みかん
まるめる

くるくる　ころがる　まるい　もの。
ボール《ぼーる》に、わっか、ビー《びー》だま、みかん。
きみの　まわりに　なにが　ある?

おうちの方へ

ここでは、円や球のかたちをあらわす「まるい」、円を描くように動く・動かす「まわる・まわす」を扱っています。また、びっくりしたようすをあらわす「目をまるくする」といういい方も教えてあげたいですね。

さんかくの・しかくい

へやの なかで さんかくの ものや
しかくい ものを さがしてみよう。
しかくは おると さんかくに なるよ。

おうちの方へ

「さんかく」には、直角三角形や二等辺三角形のような種類があります。また、「しかく」にも、正方形や長方形、台形といったさまざまな種類があることを教えてあげてください。

いろいろな　かたち

まげたり、ねじったり、ぐにゃぐにゃにしたり。かたちを　かえると　どうなる?
いろんな　かたちを　つくってみよう。

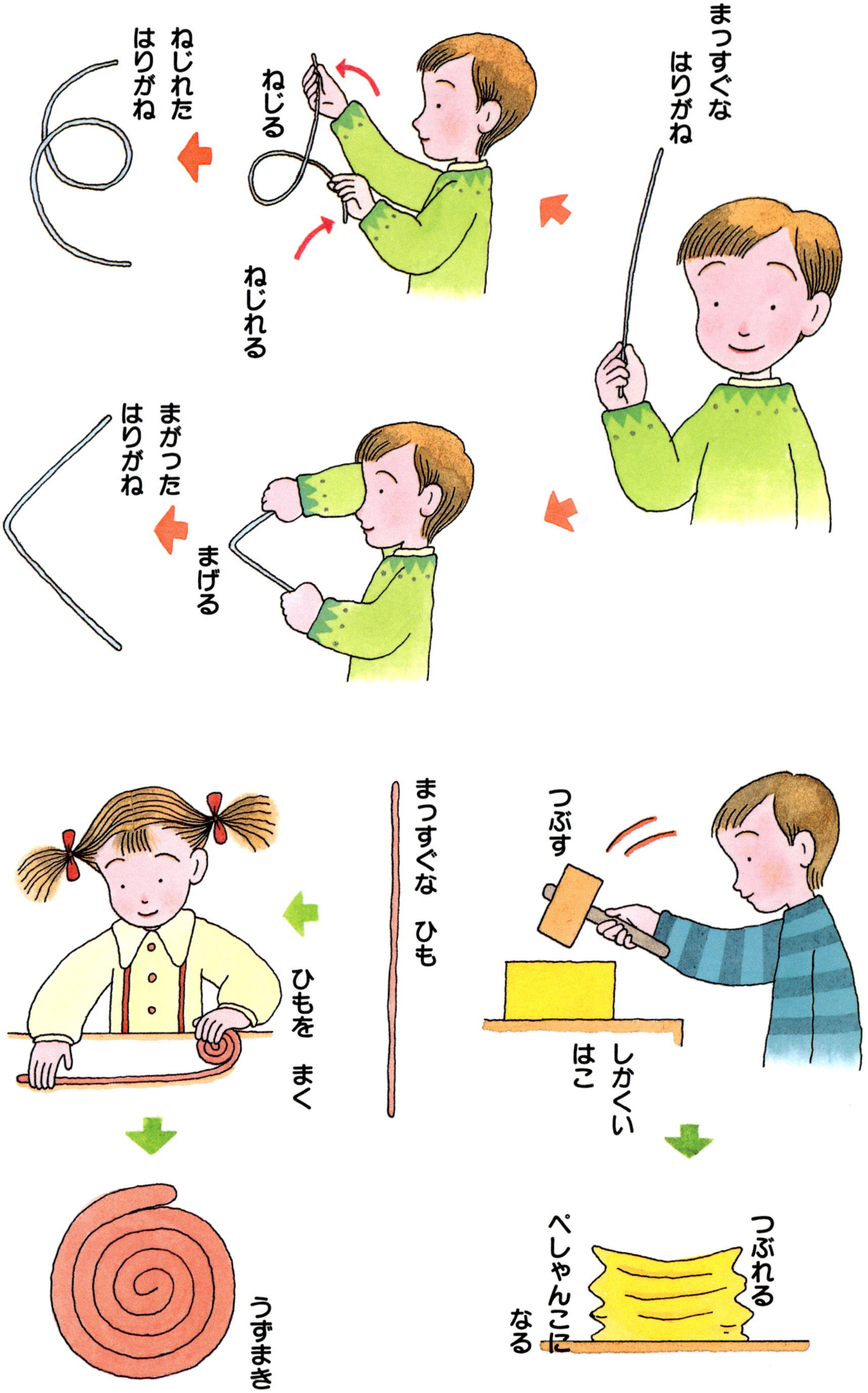
まっすぐな
はりがね
ねじる
ねじれる
ねじれた
はりがね
まげる
まがった
はりがね
つぶす
しかくい
はこ
つぶれる
ぺしゃんこに
なる
まっすぐな　ひも
ひもを　まく
うずまき

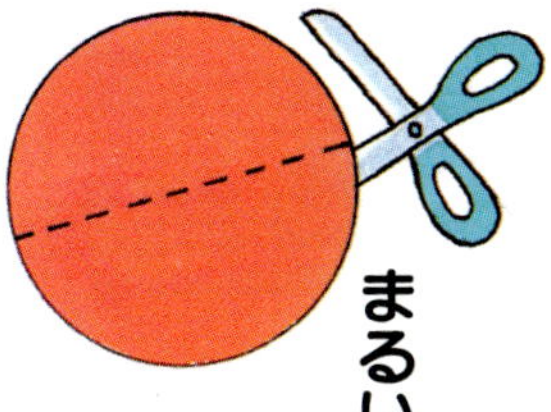

まるい　かたち

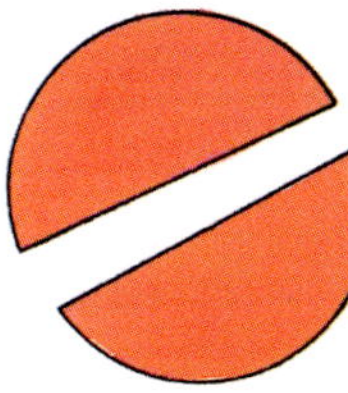

はんえん

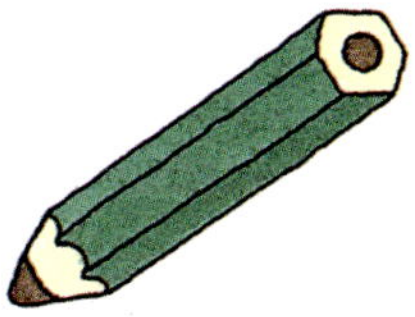

ろっかくけいの
えんぴつ

くねくねした　へび

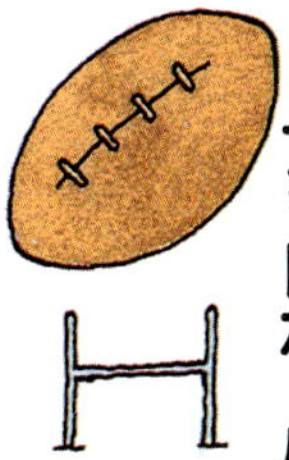

だえんの
フットボール《ふっとぼーる》

まっすぐな　みち

くねくねした
みち

カーブ《かーぶ》したみち

たいらに
する

でこぼこの
みち

ひしがたの　もち

ほしがた

みかづきがた

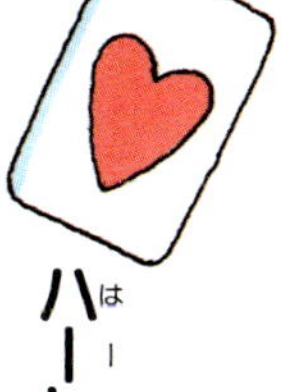

ハート《はーと》

スペード《すぺーど》

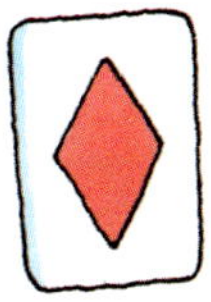

ダイヤ《だいや》

クローバー《くろーばー》

ぎざぎざの
はっぱ

おうちの方へ

「まがる」に似た意味で、「しなう」という言葉があります。折れないで弓のようにまがるという意味で、おもに「竹がしなう」「釣りざおがしなう」という使い方をします。違いを教えてあげましょう。

いえの なかでは?

トントン《とんとん》 ドア《どあ》を たたく おと。
るるるる でんわが なってる おと。
いえの なかには おとが いっぱい。

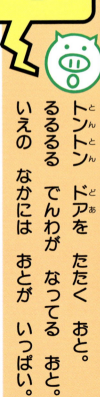

おうちの方へ

家の中では、たくさんの音が聞こえます。ここでは、家の中の擬音語を集めてみました。お子様といっしょに、家の中のいろんな音を探してみましょう。

だいどころでは?

なべが ぐつぐつ やかんが ちんちん。
だいどころから いろんな おとが
きこえてくるよ。

おうちの方へ

ここでは、台所での擬音語を集めてみました。いろいろな音がありますね。「煮る」を「ぐつぐつ煮る」というように擬音語をつけると表現が豊かになります。

たいふうの ひには？

かぜは　びゅうびゅう、あめは　ざあざあ、たいふうの　ひには　どんな　おとが　きこえるかな？

おうちの方へ

雨や風など自然の音を集めてみました。雨の音には、「ざあざあ」（激しく降るようす）のほかに、静かに降る音をあらわす「ぽつぽつ」「ぱらぱら」「しとしと」などがあります。

みんなが　あつまると？

がやがや　わいわい　ひとが　たくさん
あつまると　はなしごえや　あしおとで
とっても　にぎやかに　なるね。

おうちの方へ

ここでは、人の動作やようすをあらわす擬音語を集めてみました。笑い声をあらわす言葉には「げらげら」「けらけら」「くすくす」などがあり、笑い方の程度によって使いわけをします。

だれの こえ？

どうぶつたちが　あつまって　わんわん にゃあにゃあ　ないてるよ。ほーほけ きょと　ないているのは　だあれ？

おうちの方へ

動物の鳴き声を集めてみました。動物の名前と鳴き声をいっしょにして覚えましょう。また、実際に動物の鳴き声を聞いて、お子様といっしょに鳴きまねをしてみるのもいいでしょう。

ひひーん

ちゅんちゅん

みーんみーん

がおーがおー

にゃあにゃあ

もーもー

わんわん

けろけろ

うるさい・しずかな

まちの なかでは どんな おとが きこえる? しずかな ばしょは どんな かんじ?

おうちの方へ

街の中の音やようすの言葉を集めてあります。商店街・工事現場の音と静かな住宅街の音はどのように違うのかを、お子様といっしょに話しあってみましょう。

どんな におい？
どんな あじ？

あまい

あまい ケーキ《けーき》や あまい くだもの。
あまい たべもの いっぱい あるね。
きみは あまい ものが すき？

あまい バナナ《ばなな》

あまい ホットケーキ《ほっとけーき》

あまい チョコレート《ちょこれーと》

あまい メロン《めろん》

あまい おまんじゅう

あまい ジャムパン《じゃむぱん》

かりんとう

あまい かりんとう

あまい クッキー《くっきー》

あまい カステラ《かすてら》

あまい おだんご

あまい ソフトクリーム《そふとくりーむ》

きょうの おやつは なにかな？

あまい　わたあめ

あまい　おしるこ

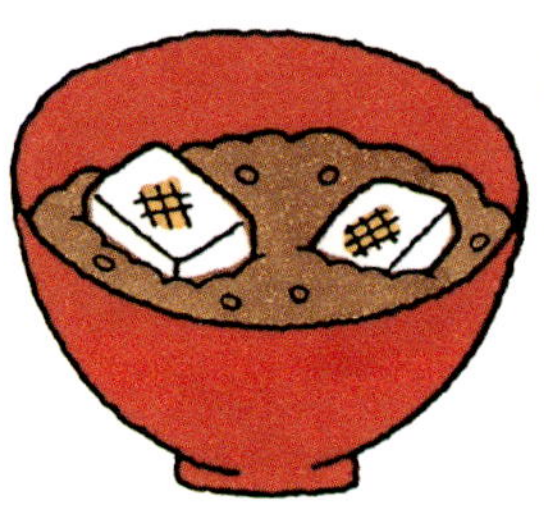

あまい　ジュース《じゅーす》

あまい　ケーキ《けーき》

あまい　ドーナツ《どーなつ》

あまい　はちみつ

あまい　ようかん

あまい　プリン《ぷりん》

あまい
シュークリーム《しゅーくりーむ》

あまい
キャラメル《きゃらめる》

あまい
キャンディー《きゃんでぃー》

あまくする

あまい　はなの　におい

おうちの方へ

ここでは、砂糖のような味の「あまい」を取り扱っています。ほかには、「子どもにあまい」（きびしくない）、「あまい言葉に注意する」（心を迷わせる）という使い方があります。

おいしい

おいしい おこさまランチ《らんち》

おいしい チャーハン《ちゃーはん》

おいしい ぎょうざ

おいしい スパゲッティ《すぱげってぃ》

おいしい コロッケ《ころっけ》

おいしい シチュー《しちゅー》

おいしい うなぎ

おいしい てんぷら

おいしい グラタン《ぐらたん》

おいしそうな においが すると、おなかが すいてきちゃうね。きみの いちばん すきな たべものは なあに？

おうちの方へ

「おいしい」は、類語の「うまい」よりも少していねいな表現方法です。また、「うまい」には、「すぐれている」、「じょうず」や「つごうがいい」というほかの意味がありますので、その使いわけを教えてあげましょう。

いろいろな あじの

からい カレー《かれー》や すっぱい レモン《れもん》。いろいろな あじの たべものが あるよ。しおを たくさん かけると…？

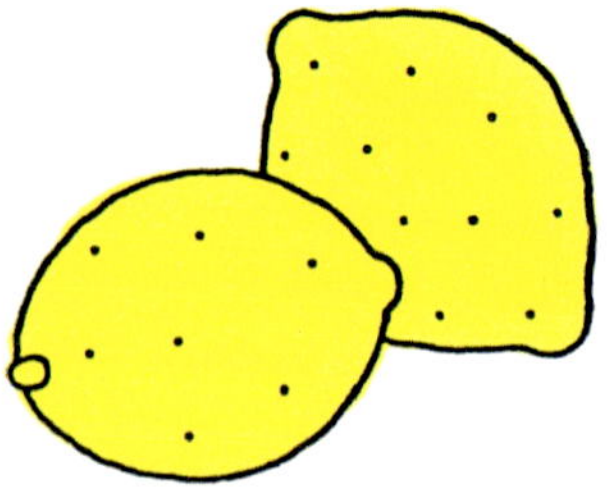

すっぱい レモン《れもん》

からい わさび

しおからい つけもの

しおからい しょうゆ（しょっぱい）

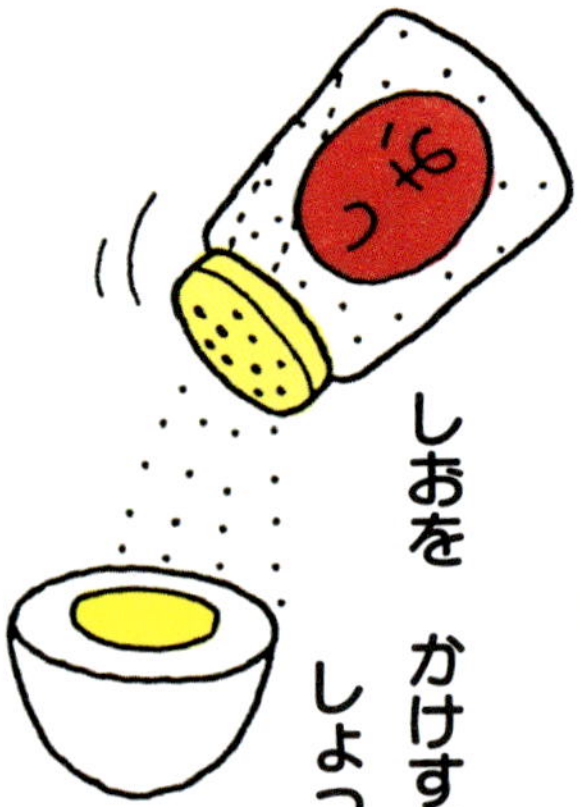

しおを かけすぎて しょっぱい

からい からし

しおからい みそしる

からい カレーライス《かれーらいす》

からい　キムチ《きむち》

しぶい　しぶがき

こげくさい　さかな

からい　とうがらし

ソース《そーす》を　かけすぎて　からい

あまずっぱい　りんご

にがい　くすり

あまずっぱい　みかん

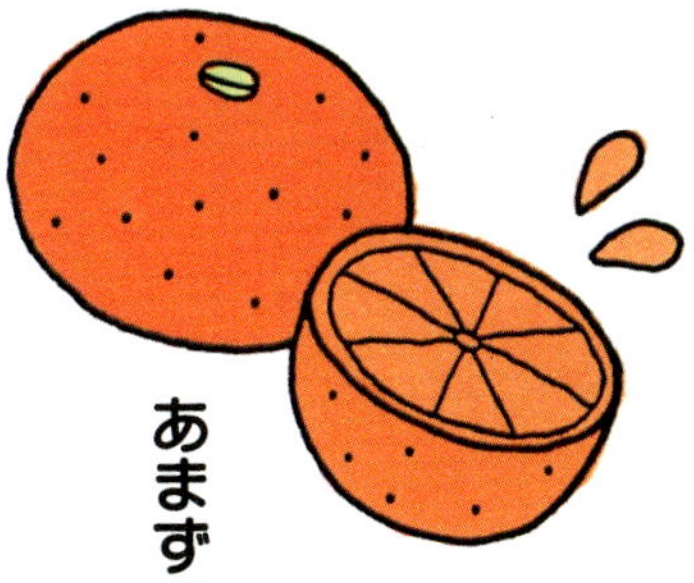

にがい　コーヒー《こーひー》

すっぱい　うめぼし

おうちの方へ

味覚の「からい」には、こしょうやとうがらしなどの香辛料のからさと、塩やしょう油などの調味料の濃度によるからさとがあり、後者は、おもに「しおからい」「しょっぱい」といいあらわすことができます。

つめたい・あたたかい

さむい　ひに　あつい　ミルク《みるく》を　のむ
と　ぽかぽか　からだが　あったまる。
こおりを　さわると　どんな　かんじ？

あつい

ほかほかの

ぽかぽかと　あたたかい

あたたまる

さめる
なまぬるい

ぬるい

おうちの方へ

「あたたかい」には、水や食べ物の温度が、熱くも冷たくもなく、ちょうどよいことをいう「温かい」と、気候や気温などが、暑くも寒くもなく、ちょうどよいことをいう「暖かい」があります。

かゆい

かゆい
むずむずする
かいーっ。
かゆい

のみに さされて、ねこも むずむず かゆそうだ。かみを ずっと あらわないで いると どうなるかな?

おうちの方へ

「かゆい」は、皮膚がむずむずしてかきたくなるような感じをいいます。「かゆい」とは違いますが、「くすぐったい」は、むずむずして笑いたくなるような感じで「こそばゆい」ともいいます。じっとしていられない感じをいいます。

いたい

とげが　ささって　ちくちく。ころんで
すりきず　ひりひりするね。やけどを
すると　どんなふうに　いたい？

ずきずき　いたい
やけどが　ひりひりする
ごろごろする
ちくりと　さされて　いたい
じくじく　いたい

おうちの方へ

けがをしたり、病気になると体のある部分に痛みを感じたりします。どこが、どんなふうに痛いのか、きちんと説明できるように教えておきたいものですね。はやい対処につながります。

かわいい

おしゃれを して かぞくで おでかけ、うれしいな。すてきな ふく、かわいい ふく、きょうは なにを きようかな。

おうちの方へ

「かわいい」は、大切にしたい、やさしくしてやりたいという気持ちを起こさせるようすや大事に思うようす。動詞の「かわいがる」は「かわいい」と感じてやさしく扱ったり、大事にすることをあらわします。

ぶかぶかの

おおきくも なくて、ちいさくも なくて、ゆるくも なくて、きつくも ない、ちょうどいい ふくは どれかな?

ぴったりした ズボン《ずぼん》
ぶかぶかの ズボン《ずぼん》
きゅうくつな うわぎ
きつい スカート《すかーと》
ゆるい ズボン《ずぼん》
ぴったり あう ふく
おおきすぎて あまる
ちいさすぎて はいらない
くつが きつい

だぶだぶの　うわぎ

そでが　ながすぎる

ちぢんだ　セーター《せーたー》

ちょうど　よい　おおきさ

すそを　ひきずる

つんつるてん

おおきすぎる　くつ

えりが　きつい

おうちの方へ

ここでは、衣服などの「サイズ」と、着た感じをあらわす言葉を集めてあります。「ぴったり」には、大きすぎず、小さすぎず、体にあうようすと、色や形などが似合っているようすをあらわす意味があります。

いろいろな ふく

いろんな　ふくを　きている　ひとが
いっぱい　いるね。ピエロ《ぴえろ》の　かっこう
を　している　こは　どこに　いる?

おうちの方へ

「あたらしい」↔「ふるい」「はでな」↔「じみな」のように、反対語を持つ言葉は、たくさんあります。反対語については、342頁からの「はんたいのことば」でも掲載していますので、あわせてご覧ください。

ふかふかの

やわらかくって　ふわふわして　きもちが　いい　もの　なあに?　きみは　どんな　ふかふかが　すきかな?

ふかふかの　せんたくもの

ふかふかの　じゅうたん
ふかふかの　セーター《せーたー》
ふかふかの　スリッパ《すりっぱ》
ふかふかの　ぬいぐるみ

ふかふかの　ふとん

ふかふかの　まくら

ふかふかの　けいとだま

ふかふかの　ぼうし

ふかふかの　オーバー《おーばー》

ふかふかの　てぶくろ

ふかふかの　ホットケーキ《ほっとけーき》

ふかふかの　パン《ぱん》

おうちの方へ

「ふかふか」とは、柔らかくふくらんで弾力のあるようすをいい、衣類や食べ物などに使います。似た表現に「ふっくら」があります。また、「ふさふさ」は、たくさん集まってたれているようすで、毛などに使います。

つるつるの

おふろあがりは　はだが　つるつる。さわると　なめらか、きもちいい。きれいに　かわいた　かみのけは　どんなかな?

つるつるの　あたま
つるつるの　はだ
ざらざらの　て
クリーム
ぶつぶつの　かお
すべすべの　て
がさがさの　かかと

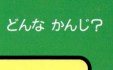

おうちの方へ

さわった感じが、表面がなめらかなことをいう「つるつる」「すべすべ」、反対に表面の手ざわり、舌ざわりがなめらかでないことを「ざらざら」といいます。「さらさら」は、快く乾いた感触をいいます。

どろんこの

どろどろの ぬかるみで どろんこ あそび たのしいな。はだしで どろの なかに はいって あそんじゃおう。

どろどろの ぬかるみ
どろだらけに なる
どろどろの かみのけ
どろどろの て
どろんこで あそぶ
どろどろの ふく

どろんこの中に、はだしで入ると、ひんやりと冷たくて気持ちのいいものです。土の感触は子供の頃に十分、味わわせておきたいですね。汚れることを気にせずに、思いきり、どろだらけになって遊ばせてあげましょう。

びしょびしょの

あめで からだが びしょぬれだ。ようふくも かみのけも あめに ぬれて、びしょびしょ、ぐしょぐしょ。

びしょびしょの せんたくもの
びしょぬれに なる
びしょびしょの かみのけ
びしょびしょ
びしょびしょに ぬれる

ぐしょぐしょの　ハンカチ《はんかち》
かおが　ぐしょぐしょ

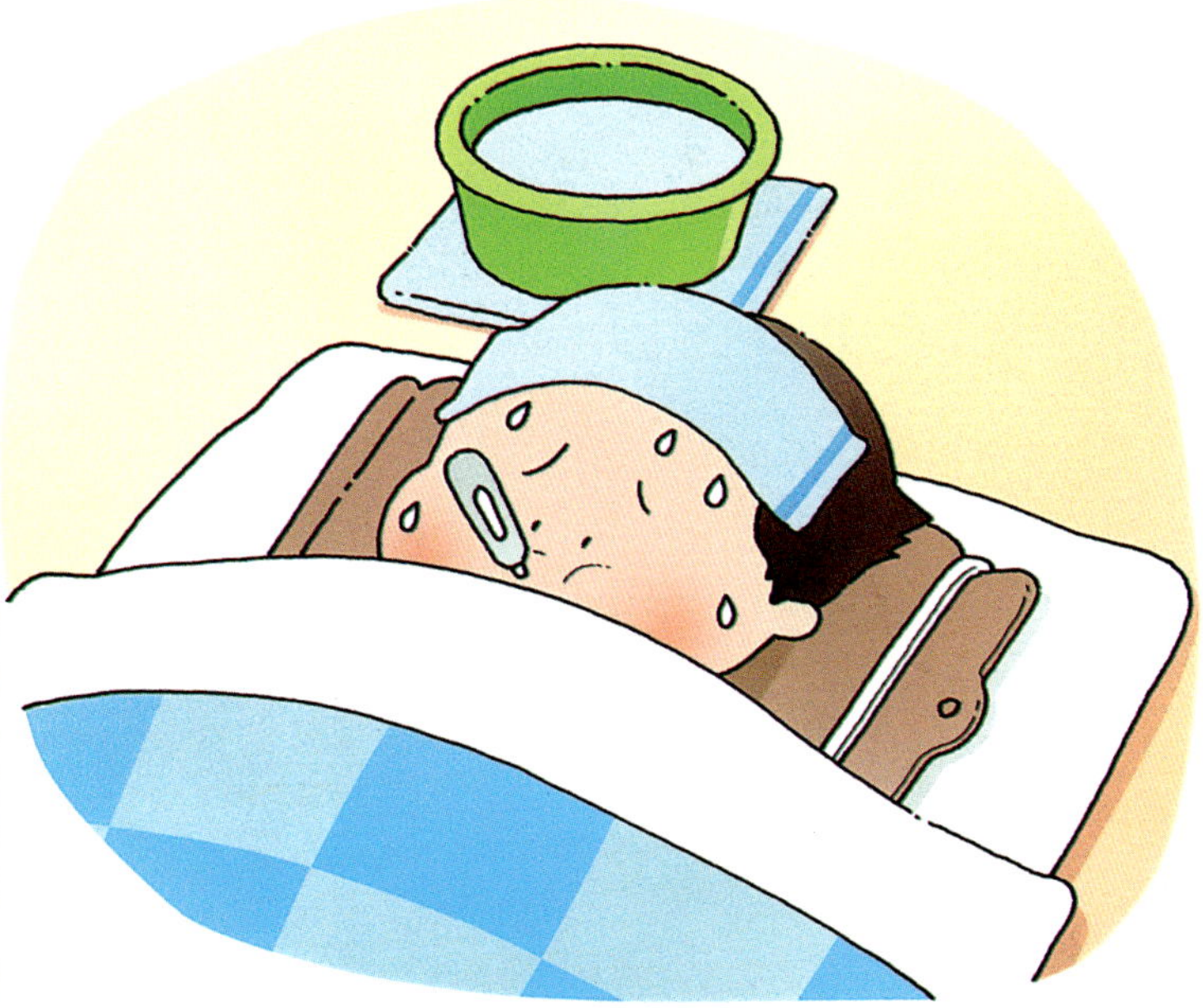

あせを　びっしょりと　かく

ぐちゃぐちゃに　われる

ぐちゃっと　つぶれる

ぐちゃぐちゃに　まぜる

ぐちょっと　でる

おうちの方へ

「びしょびしょ」や「びっしょり」は、水分を含んでひどくぬれているようすをいいます。また、「ぐちゃぐちゃ」、「ぐちょぐちょ」は、水分や粘り気の多いものをこねたり、壊したりする時に使います。

べとべとした

アイスクリーム《あいすくりーむ》が　べとべとに　とけて、
てが　べとべとに　なっちゃった。
あせを　かくと　どんな　かんじ?

ペンキ
ぬりたて
べっとり　つく
べたべた　くっつく
べとべとに　なる
べとべとした
キャンディ《きゃんでぃ》
べとべとした
チョコレート《ちょこれーと》

「べとべと」は、粘り気が強いようす、粘りつくようすをいいます。同様に、粘り気をあらわす言葉に「ねばねば」というい方もあります。また、「ぬるぬる」は、ぬめりがあって滑りやすいようすをいい、使い方が違います。

かちかち

ゆきだるまが　かたまって　こちんこちんだ。やわらかかった　おもちも　かたまっちゃうと　どんなかな？

こちんこちんだ
かちんかちんに　こおる

がちゃんと　われる
かたくなった　パン《ぱん》
かちかちに　かたい
かためる

「かちかち」は物が非常に堅くなっているようすをいい、固まったり、凍ったりした物に対して使います。また「ごつごつ」は、なだらかでなく、凹凸や節があって硬いようすをあらわします。

ぐるぐる・くるくる

からだを くるくる まわしてみよう。
あれれれ ぐるぐる めが まわっちゃったよ。

めが まわる

ぐるぐる まわす

ぐるぐる まわす

ぐるっと かこむ

ぐるぐる まく

ぐるぐる まわる

ぐるぐるに しばる

ぐるんと でんぐりがえし

くるくる　とぶ

くるくる　まく

くるくる　まく

くるりと　ふりむく

くるくる　まきつく

くるくる　まわる

くるくる　まわす

おうちの方へ

「ぐるぐる」は、長いものを巻いたり、何度も回転するようす、「くるくる」は、軽く回転するようすをあらわしています。擬音・擬態語は濁点を、つける・つけないで意味がかなり変化しますので注意しましょう。

きらきら・ぴかぴか

よるの　そらを　みあげてみよう。
きらきら　ぴかぴか　ほしが　たくさん。
いくつの　ほしを　かぞえられる?

きらきら　ひかる　ほし

きらきら　ひかる　つゆ

きらきら　かがやく

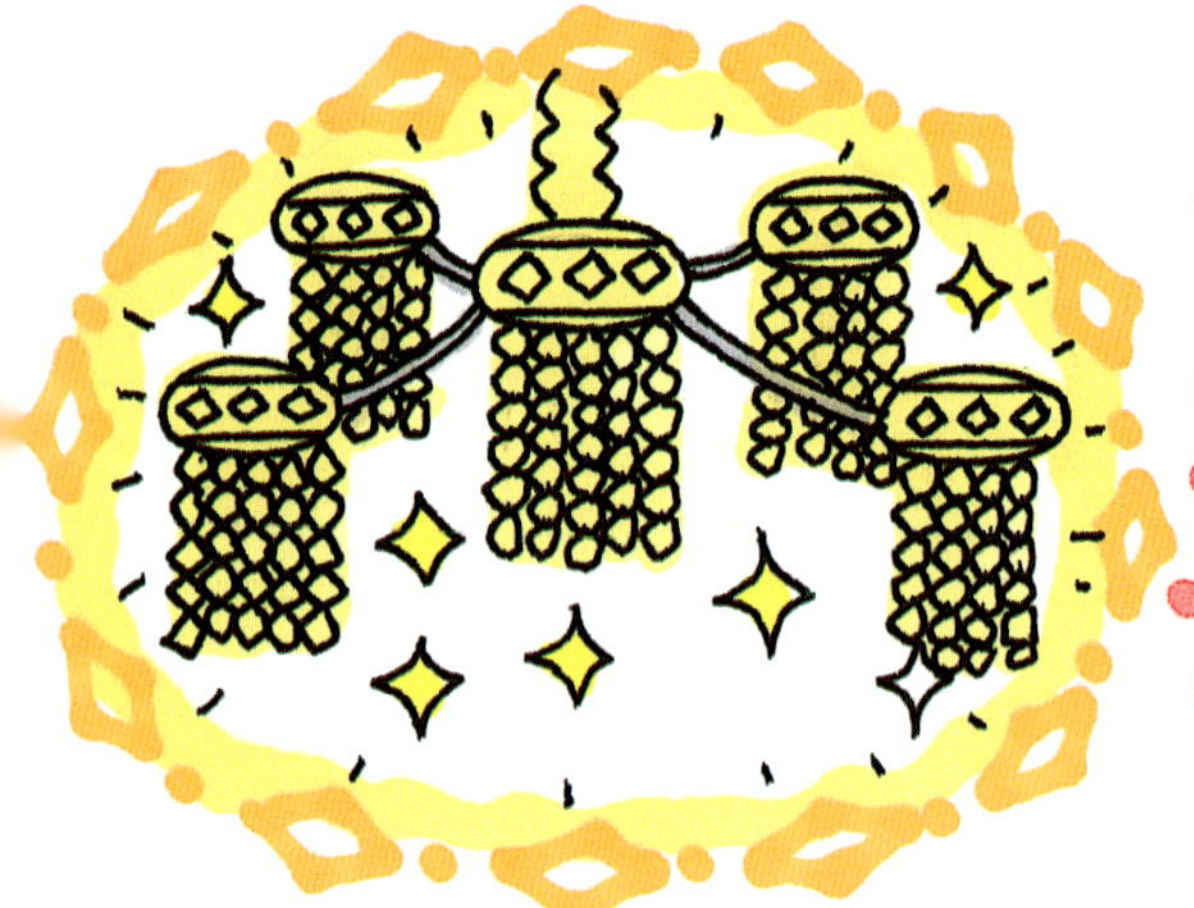

きらきら　ひかる
シャンデリア《しゃんでりあ》

きらりと　ひかる
あせ

ぴかっと　ひかる

おうちの方へ

「きらきら」は、美しく光り輝くようす。また、濁音の「ぎらぎら」は強い光などがぎらぎら光るようすで「太陽がぎらぎら照りつける」と使います。「ぴかぴか」は、つやがあって光沢のあるようすをあらわします。

はっきりと

はれた　ひは　はっきりと　つきが　みえるね。くもった　ひは、どんなふうに　みえるかな?

はっきりと
おぼえている

ぱっちりと
めを あける

はっきりと
みえない

はきはきと
こたえる

おうちの方へ

「はっきり」は、明確であるようすをあらわします。似た表現では、もののいい方や態度がはっきりしているようすを「はきはき」、目をはっきり大きく開けるようすを「ぱっちり」、などといいます。

きれいな

きれいな もの うつくしい もの
たくさん あるね。きみの まわりの
きれいな ものは なあに?

おうちの方へ

「きれい」には、美しいようすをあらわす意味のほかに、「手をきれいに洗う」のように清潔にするという意味もあります。また、「ごちそうをきれいに平らげる」のように残りのないようすをあらわす使い方もします。

ふわふわ・ひらひら

しゃぼんだまが　ふわふわ　とんでいく。
ちょうちょうが　ひらひら　とんでいる。
くもは　どんなふうに　うかんでいる？

「ふわふわ」には、軽そうに浮いているようすをあらわす意味のほかに、「ふかふか」（252頁参照）したようすをあらわす意味があり、「ひらひら」は軽くて薄いものが揺れ動くようすをあらわします。

くしゃくしゃの

きちんと　たたんだ　ハンカチ《はんかち》　きれいだね。まるめたまま　ポケット《ぽけっと》に　いれると　どうなっちゃうの？

よれよれの　コート《こーと》
くしゃくしゃの　しんぶんし
くしゃくしゃの　せんたくもの
くしゃくしゃの　ポスター《ぽすたー》
くしゃくしゃの　くつした
くしゃくしゃの　シャツ《しゃつ》

おうちの方へ

「くしゃくしゃ」は、紙や布がしわだらけになっているさまや乱れているようすをあらわします。また、「よれよれ」は、紙や布が古くなってしわになっているようすをあらわします。

ごちゃごちゃ

へやの なかが ごちゃごちゃだ。
さあ こまったぞ! なにが どこへ
いったのか、わかるかな?

おうちの方へ

ここでは、整理整頓されていない、乱れたようすをあらわしています。反対に、278頁の「きちんと」は、整然としたようすをあらわしています。対比させて教えてあげましょう。

きちんと

きちんと ならべる
きちんと たたむ
きちんと たたんでいない
きちんと そろえる
きちんと かたづける

きちんと ならんでいたり、かたづいて いると きもちが いいね。きみは ぬいだ くつを そろえられるかな?

きちんと　かける
きっちりと
つめる
きちんと
ならべる
きちきちに
いれる
きちんと
いれる

しっかりと　むすぶ
しっかりと　しめる

おうちの方へ

ここでの、「きちんと」は、よく整理されているようすを表現しています。そのほかにも「時間どおりにきちんと行く」（正確に）や「きちんと断る」（はっきりとしたようす）のような使い方もします。

ぎっしりと

おべんとうばこに　おかずが　いっぱい。
ほんだなに　ほんが　たくさん。
こういう　ようす　なんて　いう?

おうちの方へ

「ぎっしり」は、すきまもなく、いっぱいにつまっているようす。「ぎゅうぎゅう」は、強く締めつけたり、たくさんつめこむようすをあらわします。

ぐらぐら

はしごが ゆれて ぐらぐら。まどが こわれそうで がたがた。なべが にたつと どんな ようす？

ぐらぐら ゆれる

ぐらぐらした は

ぐらぐら ゆれる

ぐらぐらと ゆれる

ぐらぐら にたつ

めまいで あたまが ぐらぐらする

がたがたした　まど

でこぼこの　みち

おうちの方へ

ここでは、揺れ動くようすをあらわす言葉を取り扱っています。また、湯がよく沸いているようすを「ぐつぐつ煮たつ」、寒さや恐怖で体が震えるようすを「がたがた」「がくがく」とあらわすことがあります。

ぐらぐらした　テーブル《てーぶる》

がたがたした　いす

がたがた　ふるえる

がたがたと　ゆれる

ふらふら

つかれて ふらふらに なっちゃった。
がんばれ、ゴール《ごーる》まで あと すこし。
みんなで おうえんして あげようね。

おうちの方へ

動き回るようすや、運動後の大変疲れたようすをあらわす擬態語を取り上げています。「ふらふら」は、不安定な状態で揺れ動くようすをいいますが、濁音の「ぶらぶら」は、のんびりと歩くようすもあらわします。

もぞもぞ・もじもじ

にゅうえんしきで あたらしい おともだち できるかな? あれあれ、はずかしがっている こは だあれ?

おうちの方へ

遠慮したりはずかしがったりしてぐずぐずするようすをあらわす「もじもじ」と、小さな虫などが動き回るようすをあらわす「もぞもぞ」などを中心に、落ちつきなくふるまう動きの言葉を集めてみました。

のんびり

おやすみの　ひは　かぞくで　のんびり
たのしいね。ゆっくり　あるいて
こうえんまで　さんぽだ。

ここでは、「のんびり」したようすや「ゆっくり」しているようすをあらわす擬態語を中心に扱っています。人の動作をあらわす言葉と物や動物の動きをあらわす言葉があります。お子様に使いわけを教えてあげましょう。

のっしのっし

のっしのっし　あるいている　ぞうさん。
すいすい　およいでいる　かえるさん。
ぴょんぴょん とんでいる どうぶつは?

よちよち
ぴょん
むしゃむしゃ
ぴょんぴょん
すいすい
ぱたぱた
くんくん
ぺろぺろ
のっしのっし

おうちの方へ

ここでは、動物の動作をあらわす言葉を取り扱っています。大きい動物から小さい動物まで動きはさまざまです。擬態語を使って動作をあらわすことによって、言葉が広がり、表現が豊かになります。

べんりな

べんりな どうぐ べんりな きかい、
たくさん あるね。きみが みつけた
べんりな もの なあに?

いえが ちかいので
べんりだ

べんりな きかい

べんりな どうぐ

ふべんだ

おうちの方へ

「べんり」は、都合がよいこと、(物に対して)役に立つことを示します。また、「べんり」な道具を使用して、たやすくなるようすを「らく」と表現することもあります。

リモコン《りもこん》は　べんりだ

すごい・ひどい

いちりんしゃに のれるなんて すごい!
ピアノ《ぴあの》を ひけるなんて すごいなあ。
きみの すごいは どんな こと?

すごい

すごく こむ

すごく (とても)
おなかが すいた

あり。
すごい

すごい かおで
にらむ

すごい

おうちの方

「ひどい」にはむごい・残酷だという意味のほかに、激しいという意味もあります。また「すごい」には、ぞっとするほどおそろしいという意味と、すばらしい・すぐれているという意味があります。

ひどい　けが

ひどく　しかられる

ひどく（とても）あつい

ひどい

ひどい　かぜ

すごい　あめ

ひどい

たいへん

たいへん たいへん! あめが ザーザー《ざーざー》 ふってきちゃった。こまったな、せんたくものを そとに だしっぱなしだ。

たいへんだ

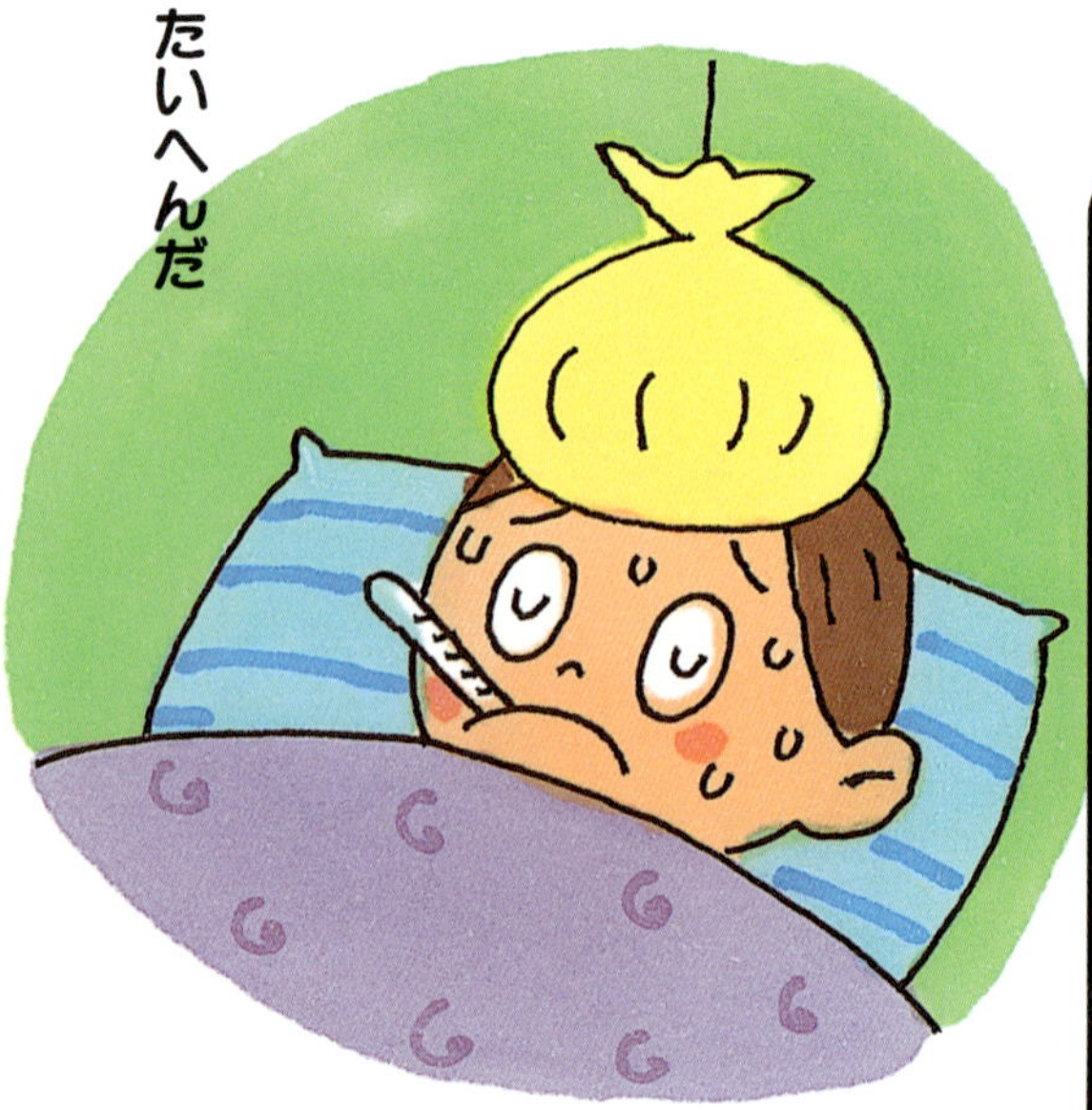

たいへんだ

たいへんだ

たいへん よく できました

とても おもい (たいへんだ)

おうちの方へ

「たいへん」には、普通でないようす（大変だ、火事だ）、ひどく苦労するようす（山登りは大変だ）、非常に・とても（大変寒い）など、3つの意味があります。使いわけを教えてあげましょう。

あんぜんな・あぶない

あ、あぶない！ こうさてんは きけんが いっぱい。みちを わたる ときは、みぎ ひだりを よく みよう。

おかあさんと いっしょで あんぜんだ

シートベルト《しーとべると》は あんぜんだ

ほどうきょうを わたれば あんぜんだ

あんぜんだ

はくせんの うちがわは あんぜんだ

くるまの うしろは あぶない

どうろで あそぶのは あぶない

みちを よこぎるのは きけんだ

あぶない。

きけんな ばしょ

こうじちゅうです。

とびだし ちゅうい

ふたりのりは あぶない

おうちの方へ

「あぶない」には、この頁で扱っている、危険であるという意味と、悪い結果になりそうだという心配している状態をあらわす意味と、確実でないようす（危ない手つき）をあらわす意味があります。

うれしい

できなかった ことが できるように なったり、ほめられたりすると、うれしいな。きみは どんな とき、うれしい？

うれしい たんじょうび
じてんしゃに のれるように なって うれしい
いっしょに あそぼう。
さそわれて うれしい
ほめられて うれしい

おうちの方へ

いいことがあって、いい気持ちになる時、「うれしい」という言葉であらわします。ここでは、どんな時、どんなふうにうれしさをあらわしているのか、問いかけながら教えてあげてください。

よろこばせる

おばあちゃんが よろこぶ

うれしくて しっぽを ふる

よろこんで おれいを いう

うれしくて スキップ《すきっぷ》を する（うかれる）

てを たたいて よろこぶ（うれしい）

たのしい

たのしい　ピクニック《ぴくにっく》
みんな　いっしょで　たのしい

だいすきな　かぞくと　いっしょで　たのしいな。すきな　こと　してる　とき、どんな　きもちに　なるかな？

おうちの方へ

「たのしい」は、心がはずむような、わくわくした気持ちという意味をあらわすほか、愉快だ、面白いというニュアンスも加わります。動詞形の「たのしむ」という言葉もいっしょに教えてあげましょう。

さびしい

ひとりは ちょっと さみしいけれど おるすばん できるかな? おかあさん と いっしょだと あんしんだよね。

ひっこし
さよなら。

おわかれは さみしい（かなしい）

るすばん よろしくね。

さみしい（こころぼそい）

さびしい よみち（しずかだ）

おうちの方へ

「さびしい」と「さみしい」は同意です。「さびしい夜道」のように、静かで心細いという意味で使う場合、反対語は「にぎやか」です。また、かなしい気持ちの時や物足りない時にも使います。

かなしい

たいせつな もの、なくなったり、こわれたりすると、なきたくなっちゃうね。きみは どんな とき、かなしくなる？

フランダースのいぬ

かなしい おはなし
（かわいそうに おもう）

うさぎが しんで
かなしい （つらい）

にんぎょうが こわれて かなしい

けんかして かなしい
（こころが いたむ）

また くるからね。

おばあちゃんが
かえってしまうので
かなしい

おうちの方へ

つらく、泣きたくなるような、心が痛む気持ちの時、「かなしい」といいます。反対語の「うれしい」と対照させて教えてあげましょう。また、動詞形の「かなしむ」（↔よろこぶ）も、いっしょに教えてあげてください。

つらい・くるしい

かぜを ひくと、からだが つらくて くるしいよ。はやく なおるように、がんばって がまんしてる こは だれ?

ねつで からだが つらい
せきで むねが くるしい
がまんして くすりを のむ
ちゅうしゃを がまんする

いきが　くるしい

がんばって　はしりぬく

おうちの方へ

体や気持ちがまんできないような時、「くるしい」、「つらい」などといいます。また「くるしい」は、ほかにも「理解にくるしむ」のように、困る、苦労する、という時にも使います。

はずかしい

ひとの まえで ほめられると、はずかしいな、てれちゃうよ。すきな この まえで もじもじしてる こ、だあれ?

おうちの方へ

相手にどう思われるかという不安や引け目がある時に、「はずかしい」という気持ちになります。「はにかむ」「てれる」は、はずかしがることをいい、人前でそのような態度になってしまうことをいいます。

すきな　この　まえで
はにかむ（はずかしがる）

ころんだ　ところを　みられて
はずかしい
（きまりが
わるい）

こわい

かみなり ゴロゴロ《ごろごろ》 こわいなあ。
おばけの おはなし ふるえちゃう。
きみの こわい もの、なあに?

くらくて こわい
どろ どろ…
びくびくする
きみが わるい みち
(なんとなく おそろしい)

たかい ところは こわい
あしが がくがくする

おうちの方へ

「こわい」と「おそろしい」は同意です。「おそろしい」はほかに「おそろしい勢い」のように、程度のはげしいこともいいます。また「おそれる」には「こわがる」「おびえる」という意味のほかに、心配するという意味もあります。

どきどきする

もうすぐ　でばんだ。どうしよう。
うまく　できるかな？　しんぱいで、
おちつかないって、どんな　かんじ？

おうちの方へ

運動した後や心理的な影響で鼓動がはやくなる時、「どきどき」します。緊張する時、心がはずむ時、心配な時などは、同じ「どきどき」でも違う気持ちで、「そわそわ」「はらはら」「わくわく」「ひやひや」などと、あらわします。

おとなしい　こ、げんきな　こ、いろんな　こが　いるね。ただしいと　おもった　こと、ちゃんと　いえるって　どんな　こと？

しんせつな　こ

やさしい　こ

ごめんなさい。
しょうじきな　こ

しんせつに　おしえる

ふまじめな　こ
ふざける

まじめに　はたらく

おうちの方へ

人の性質・性格をあらわす言葉を集めました。これらの言葉の定義づけは、主観的でもあり、むずかしい部分です。「えらい」は、人柄や行為がすぐれているという意味のほか、地位・身分が高いという意味でも使われます。

どんな ようす 1

おつかいが できる
かしこい こ

わがままな こ

ゆうきが ある えらい こ

らんぼうな こ

おとなしい こ
さわがしい こ

しつこい こ

びょうきを　しない、けんこうな　からだで、げんきに　そとで
あそぼう！　たかい　ところも　へっちゃらな　おてんばは　どこ？

けんこうな　からだ
（じょうぶだ）

げんきな　こども

せが　たかい　ひと
せが　ひくい　ふとった　ひと
やせた　ひと
たくましい　からだつき

おうちの方へ

「じょうぶ」には、人の体が健康であるということのほか、物が強くて、しっかりしていること、壊れにくい、という意味もあります。また、「たくましい」は、体つきや心持ちなどが強くて、しっかりしていることをいいます。

どんな　ようす　2

わんぱくな　こ

おてんばな　こ

こわがりな　こ

なきむしな　こ

ちからもちな　ひと

よわよわしい

はい、チーズ《ちーず》。いろんな　かおが　あつまった。せっかく　みんなで　うつす　しゃしんで、へんな　かお　してる　こは　だあれ？

おうちの方へ

人の顔はその時の状況や感情によって、いろいろな表情に変わりますね。ここでは、たくさんある表情をあらわす言葉を集めました。写真や鏡、絵などを見ながら、教えてあげると楽しいですね。

いろいろな かお

てれた かお
たのしそうな かお
あおざめた かお
すました かお
しんぱいそうな かお
げんきの ない かお
おどろいた かお
そっくりな ふたご

いい(よい)・わるい

おふろの あとは きれい さっぱり きもちが いいね。どろんこあそびの あとは どんな かんじ?

てんきが わるい
てんきが いい
きもちが わるい
きもちが いい
なかが わるい
なかが いい

おうちの方へ

ここでは、「よい」の口語表現である「いい」↔「わるい」を対比させて掲載しています。「頭がいい」（賢い）、「味がいい」（おいしい）という使い方もしますので教えてあげましょう。

ねぞうが　いい
ねぞうが　わるい

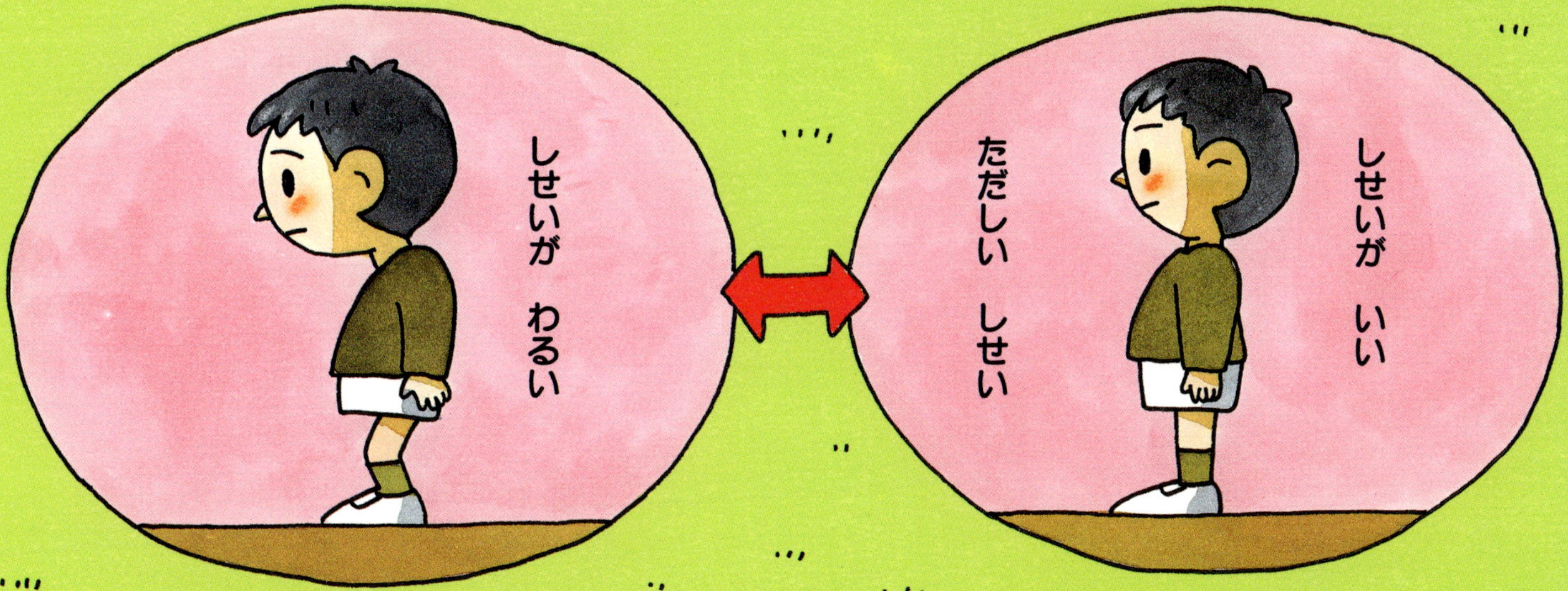
しせいが　いい
ただしい　しせい
しせいが　わるい

あたまが　いい（かしこい）
あじが　いい（おいしい）

いい(よい)・わるい

ひとに しんせつに したり、されたり
すると きぶんが いいね。いい
ことを するって どんな こと？

おうちの方へ

「いい」は、「よい」のくだけたいい方です。良い、善い、の意味があり、前者は、「天気が良い」、「品質が良い」、「成績が良い」のように、後者は、「善いおこない」（立派だ）のように使われます。

むずかしい・かんたん

じてんしゃに　のるのは　むずかしい?
でも　おぼえちゃったら　かんたんだ。
みんなと　サイクリング《さいくりんぐ》　いきたいね。

おうちの方へ

「かんたん」は楽にできるという意味で、ほかには「やさしい」という言葉があります。また「むずかしい」には、わかりにくい、めんどう、やっかい、うまくできない、という意味があります。

おもしろい

おかしい ときは おおきな こえを だして わらっちゃうよね。おもしろい ほんを よんでいる ときは どうなる?

おうちの方へ

「おもしろい」には、遊園地などにでかけたりして「愉快で楽しい」という意味、おかしいことをいって「笑ったりする」という意味、本やテレビに「夢中になる」という意味があります。

つまらない

えんそくが ちゅうしで つまらない
つまらない テレビ《てれび》
あきる
たいくつだ

あめの ひは そとに でられなくて
つまらない? いえで あそぶのも
おもしろいね。きみは どう おもう?

おうちの方へ

ここでは、「つまらない」のほかに「あきる」「たいくつ」という言葉も含めてみました。また、「つまらない」の反対語は「おもしろい」（326頁参照）なので、対比させて教えてあげましょう。

どう おもう?

ふしぎな

ふしぎな てじな

ふしぎに おもう

どうして とりは そらを とべるの? ふしぎだね。きみが ふしぎに おもっている ことは どんな こと?

おうちの方へ

「ふしぎ」は、普通では考えられないことという意味があります。物語の世界は「ふしぎ」がたくさんあります。なぜだろうと「ふしぎ」に思う好奇心を大切にしてあげたいですね。

しんぱいだ

けがを　しちゃった　いぬを　てあてしたよ。しんぱいしたけど　もう　だいじょうぶ。はやく　げんきに　なあれ。

おうちの方へ

「しんぱいする」は、相手をおもいやったり、何かを気にしたりするようすをあらわします。158頁の「おもう」、160頁の「きもちのうごき」にも同じく掲載してありますので、あわせてご覧ください。

がっかりする

しあいに　まけちゃったから、みんな　がっかりしているんだね。くやしがって　ないている　こは　どこに　いる?

おうちの方へ

ここでは、元気がなく、悲しそうなようすをあらわす言葉を取り扱っています。「がっかりする」には、「気落ちする」「失望する」「落胆する」などの同じ意味を持つ言葉がありますので、同時に教えてあげましょう。

おちこむ
がっかりする
くよくよする
くやしがる
ざんねんだ
しょんぼりする

たいせつな・だいじな

おとうさんの たいせつな アルバム《あるばむ》。
おかあさんの たいせつな ゆびわ。
きみの たいせつな ものは なあに?

おうちの方へ

ここでの「たいせつ」は、非常に重要で、ていねいに扱うようすを意味する言葉です。また、「だいじ」には、たいせつにするという意味のほかに、「おだいじに」のように、気をつけてという意味もあります。

たいせつな　かぞく

たいせつな　ちゃわん

たいせつな　アルバム《あるばむ》

だいすきだ

やさしい　おかあさん　だいすき。
おいしい　チョコレート《ちょこれーと》　だいすき。
だいすきな　もの　いっぱい　あるね。

おうちの
方へ

「すき」や「きらい」の言葉の前に「だい」(大)をつけることによって、「非常に〜だ」の意味となります。ほかにも「大好物」、「大成功」などがあります。

しあわせだ

いっしょに いる とき
しあわせだ

かぞくや ともだちと いっしょに すごす じかんは しあわせだね。 きみは どんな とき しあわせに おもう?

なかよく していている とき しあわせ
えほんを よんでもらっている とき しあわせだ
じゆうに あそぶ
おいしい ものを たべて いる とき しあわせだ
へいわ
みんなと おしゃべり しあわせだ
たのしい ゆめを みている とき しあわせだ

おうちの方へ

「しあわせ」は、じゅうぶんに満足している状態をあらわします。同じ意味の言葉として「幸福」(こうふく)があります。また、ここでは「へいわ」、「じゆう」という大切な言葉を取り扱っています。

あめなのに、いぬは　さんぽしたがるんだ。きみは、あめの ひ、なにを していたい？

おうちの方へ

「〜したい」（希望）と、その否定形、「〜しよう」（意志、誘い）、「〜していい」（許可）と、その否定形をまとめました。これらの助動詞は、言葉の下について、その言葉の意味を助けるはたらきをしています。

①あめが ふっているから そとには でたくない。
さんぽに いきたい。
②テレビ《てれび》を みよう。
さんぽに いこうよ。
③しゅくだいが おわるまで テレビ《てれび》を みては いけない。
さきに しゅくだいよ。
④いぬの さんぽなら さきに しても いい。
さんぽ させなくちゃ。
そうね。
⑤さんぽに いこう。
わーい。
⑥でも やっぱり テレビ《てれび》が みたい。
○×△でんき
さんぽ。

4 くらべてみよう

ぞうと ねずみ ずいぶんちがうな。いろんな ものを、くらべてみよう。おなじかな？ ちがうって、どう ちがうのかな？ いろんな くらべる ことばが あるよ。ながーいのや、みじかいの、どっちが、どっち？ くらべたり、ことばを ならべて、ぶんを つくったり、いろんな ふうに、あそんでみよう。さあ、もんだいだよ。ひると、よる、どっちが あかるいのかな？

この章は、反対語や、文をつくる上で重要となる助詞、指示代名詞などを集めました。特に反対語では、いくつかの比較例をあげて用途の広さをあらわしたり、違う意味での使い方は別かこみ扱いにするなどして、楽しく学べる工夫をしました。

おおきい↕ちいさい

おとうさんの　てと　きみの　て、どっちが　おおきい？　まわりの　おおきい　もの、ちいさい　もの　さがしてみよう。

「おおきい」、「ちいさい」という言葉は、面積・数量だけでなく、「話が大きい」（大げさな）、「大きな夢」（並を越える）など、音の大きさ・年齢・程度・規模もあらわすことができます。

くじらは おおきい

ちいさい さかな

おおきな こえ

ちいさな こえ

こどもは ちいさい

おとなは おおきい

おおきくなったら やきゅうせんしゅに なりたい

おおきい おにいさん

わたし

ちいさい おとうと

ぼくが おおきくなった

ふくが ちいさくなる

おかあさんの ちいさい ころの しゃしん

ちいさい て

おおきい て

ながい ↕ みじかい

ひるまは　みじかかった　かげが　ゆうがたに　なると　ながくなるよ。とけいの　はりは　どこを　さしてる？

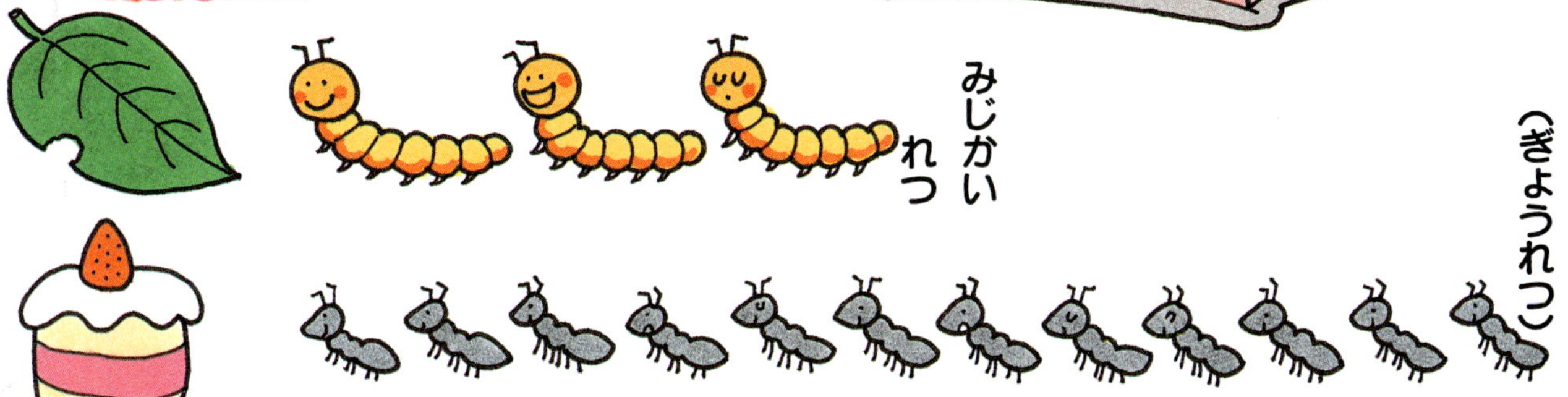

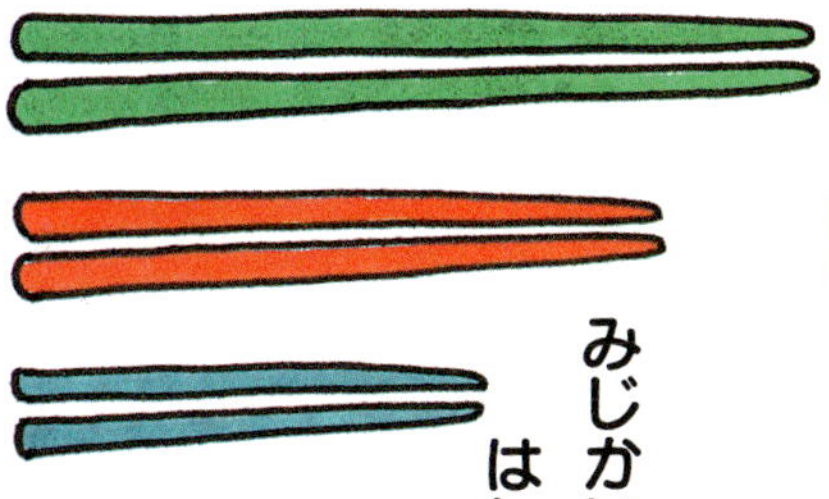

おうちの方へ

「ながい」、「みじかい」という言葉とともに、「髪を伸ばすと長くなる」「切ると短くなる」という使い方も教えてあげましょう。ほかに、「気が長い」(のんびり)、「気が短い」(せっかち)などのようにも使います。

たかい↕ひくい

せが　たかい　きりんは　たかい　きに　ある　はっぱを　かんたんに　たべる　ことが　できるんだよ。

きおんが　ひくい（さむい）

きおんが　たかい（あつい）

ねだんが　たかいので　かえない

ねだんが　やすい

たかく　とぶ

ひくく　かがむ

かかとが　ひくい

かかとが　たかい

たかく　のびる

おうちの方へ

ほかに、「たかい」には、すぐれているという意味で、地位が高い、評価が高い、といった使い方や、値段が高い（↔安い）、温度が高い（↔低い）という使い方があります。362頁の「うえ↔した」も合わせてご覧ください。

おもい⇔かるい

にもつが ふえると おもくなるね。
おなじ ものでも たくさん あると
どうなる？ すこしだと どうなる？

おうちの方へ

目方に関してだけでなく、気が重い（晴ればれしない）、責任が重い（大切だ）、口が軽い（深く考えずにぺらぺらしゃべる）、足が重い（軽く動かない）、身が軽い（動きがすばやい）といった使い方も教えてあげましょう。

おもい　にもつ
にもつを　わける（へる）
かるくなる

おもい
びょうき
かるい　しょくじ
（かんたんな）
ゴール
からだが
おもい
あしが　おもい

かるい
おもい

かるい
おもい

ふとい⇔ほそい

かみのけは　いっぽんだと　ほそいけど
たばねると、ふとくなるよ。きの　みき
と　えだ、どっちが　ふといかな？

おうちの方へ

「ほそい」には、細い道（幅が狭い）、食が細い（あまり食べない）といった使い方もあります。ほかに、細い声（弱々しい）、太い声（低くて大きい）といった表現も、その場に応じて教えてあげてください。

はんたいの
ことば

あつい↕うすい

パン《ぱん》や ハム《はむ》は あついのと うすいのが あるね。ふくを たくさん きるのを なんて いうのかな？

おうちの方へ

「あつい」には、熱い（温度）、暑い（気候）の意味もありますので、違いを教えてあげましょう。また、「うすい」は色や味にも使います。頁の「あかるい↕くらい」もあわせてご覧ください。

あさい⇔ふかい

おさらと コップ《こっぷ》では、どっちが ふかい？ おなじ みどりでも こい みどりを ふかい みどりいろって いうよ。

おうちの方へ

底の浅い↕深いは、身近な器や鍋などが、わかりやすいでしょう。色の浅い↕深いは、薄い↕濃いと同じ意味です。ほかに、深く考える（じっくり）、霧が深い（濃い）といった使い方もあります。

あかるい↕くらい

たいようが　のぼって　あさに　なると　あかるくなるね。はれの　ひと　あめの　ひ　どっちが　あかるい？

おうちの方へ

明暗は光や色のほかに、性格・気分をあらわします。また、濃い↕薄いは色や味のほかに、ひげが濃い、髪の毛が薄いといった密度もあらわします。前頁の「あさい↕ふかい」と対照してご覧ください。

ちかい⇔とおい

とおい がいこく いってみたいね。
いえの ちかくには なにが あるかな?
あるいて いってみよう!

おうちの方へ
距離や時間が、離れていることを「とおい」、離れていないことを「ちかい」といいます。「とおい」には、遠ざかる、遠のく、「ちかい」には、近づく、近づけるという派生語がありますので、教えてあげましょう。

はんたいの
ことば

ひろい⇕せまい

へやを　かたづけたら　ひろく　なった　かんじが　するよ。せまいより　きもち　いいな。きみの　へやは　どうかな？

「せまい」「ひろい」は、面積・幅・範囲の大小をあらわします。動詞の「話がひろまる・ひろめる」という表現や、ひろびろとした部屋（大変ひろい）といった使い方もあります。

つよい⇔よわい

ぞうは つよい。でも ぞうの こは
まだ よわいから みんなで まもる。
きみも つよい こに なろうね。

おうちの方へ

人や物の丈夫さ、持ちの良さをあらわすほかに、意志が強い（気持ちがしっかりしている）といった使い方もあります。単に、力だけでなく、〜に強い（得意だ）といった使い方もありますので教えてあげましょう。

あたらしい↕ふるい

いまは　ふるくなってしまった　とけい
も　むかしは　あたらしかったんだよ。
きみの　いえには　ふるい　もの　ある？

あたらしい　くつ
ふるい　くつ
あたらしい　ふく
ふるい　ふく
ふるい　バッグ《ばっぐ》
あたらしい　ランドセル《らんどせる》
このさかなは　もう　ふるい
あたらしい　さかな
（しんせん）
わかい
おにいさん
としとった
おじいさん
AM 7:00
あたらしい　とけい（いま）
ふるい　とけい（むかし）
おさない
あかちゃん
としとった　おばあさん

おうちの
方へ

流行や考え方、生活習慣の古い↕新しいを、昔↕今という言葉といっしょに教えてあげましょう。食べ物の新鮮さにも使いますね。ほかに、幼い、若い、年とった、と使う場合のことも、教えてあげましょう。

はやい⇔おそい

くるまと ひとと どっちが はやい？
あさ はやく おきているのは
だれかな？ さがしてみよう。

おうちの方へ

時間がかかる・かからないという意味の「速い↔遅い」と、時刻が「早い↔遅い」の意味があります。また、「すばやい↔のろい」（動きをあらわす）といった言葉もいっしょに教えてあげましょう。

おおい⇔すくない

あめの　ひが　おおいと　いけの　おみずは　いっぱいに　なるね。はれの　ひが　つづくと　どうなるかな？

おうちの方へ

数や量のほかに「6月は、雨の日が多い」のように、頻度をあらわす使い方もあります。また、「砂糖は少なめにしてください」のような、少なめ（量が普通より少ない）、多め（量が少し多い）という使い方もあります。

うえ↕した

そらを　みあげてみよう。くもの　うえには　なにが　ある？　したを　むいてみよう。なにが　みえるかな？

おうちの方へ

位置の高さ、低さをあらわす上下のほかに、年齢や地位、または能力の優劣を意味する使い方もあります。上がる↕下がる、上げる↕下げる、といった言葉もいっしょに教えてあげてください。

まえ↔うしろ

うつくしい ちょうに なる まえは、あおむしだったんだね。さなぎに なった あとに へんしんするんだよ。

おうちの方へ

「まえ↔うしろ」は、位置をあらわす前後と、時間をあらわす前後があり、「まえ(以前)は畑だった」、「あと(残り)は明日やる」、「あと(さらに)5分待ってください」のような使い方もします。

おもて⇔うら

はがきの　おもてに　じゅうしょと　なまえ、うらに　たよりを　かくんだよ。きっては　どっちに　はれば　いい?

おうちの方へ

「おもて」は、ふたつの面のうち、上または外側の面をいい、「うら」は見えない面をいいます。また、建物の外を「おもて」というほか、野球の試合の各回にも「おもて」と「うら」があります。

なか⇔そと

はれた ひは げんきに いえの そとで あそべるね。あめの ひは いえの なかで どう すごす？

はこの なか

はこの そと

こやの なかに はいる

こやの そとに でる

カラ《から》の そと

カラ《から》の なか

ふくは うち
おにはそと！
ふくは うち！
おには そと

おうちの方へ

「なか」は、物の内側、ふたつの物の間、囲みの内側、そして最中など、様々な意味があります。「そと」は、建物から出た所、表面、また自分の家ではない所を指すことがあります。

〜は・〜も

クッキー《くっきー》と りんご、きみは どっちが すきかな？ クッキー《くっきー》も りんごも どちらも ほしい くいしんぼは だれ？

テーブル《てーぶる》の うえ
に

クッキー《くっきー》
と

りんご
が

あります。

わたし
は

クッキー《くっきー》
が

ほしい。

わたし
に

クッキー《くっきー》
を

ください。

りんご
は

いりません。

りんご
では

なくて

クッキー《くっきー》です。

ぼく
も

クッキー《くっきー》
が

ほしいな。

ぼく
にも

クッキー《くっきー》
を

ください。

ぼく
は

りんご
も

ほしい。

りんご
も

クッキー《くっきー》
も

ください。

わたし
は

どちら

も

いりません。

おうちの方へ

文をつくる上で重要な助詞「は」「が」「も」を中心にとりあげました。主語や目的語のうしろについて、動作や存在、ようすの主体や客体を明確にします。正しい「て・に・を・は」を教えてあげて下さい。

〜の

きみが もってる もので、おきにいりの ものは なにかな? きみの たいせつな もの、おしえてよ。

ぼく

の
いえ

には
いぬ

が
いる。

いぬ

の
えさ

は
ぼく

が
あげている。

テーブル《てーぶる》

の
うえ

に
はな

を
かざる。

はな

の
いろ

は
きいろです。

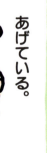

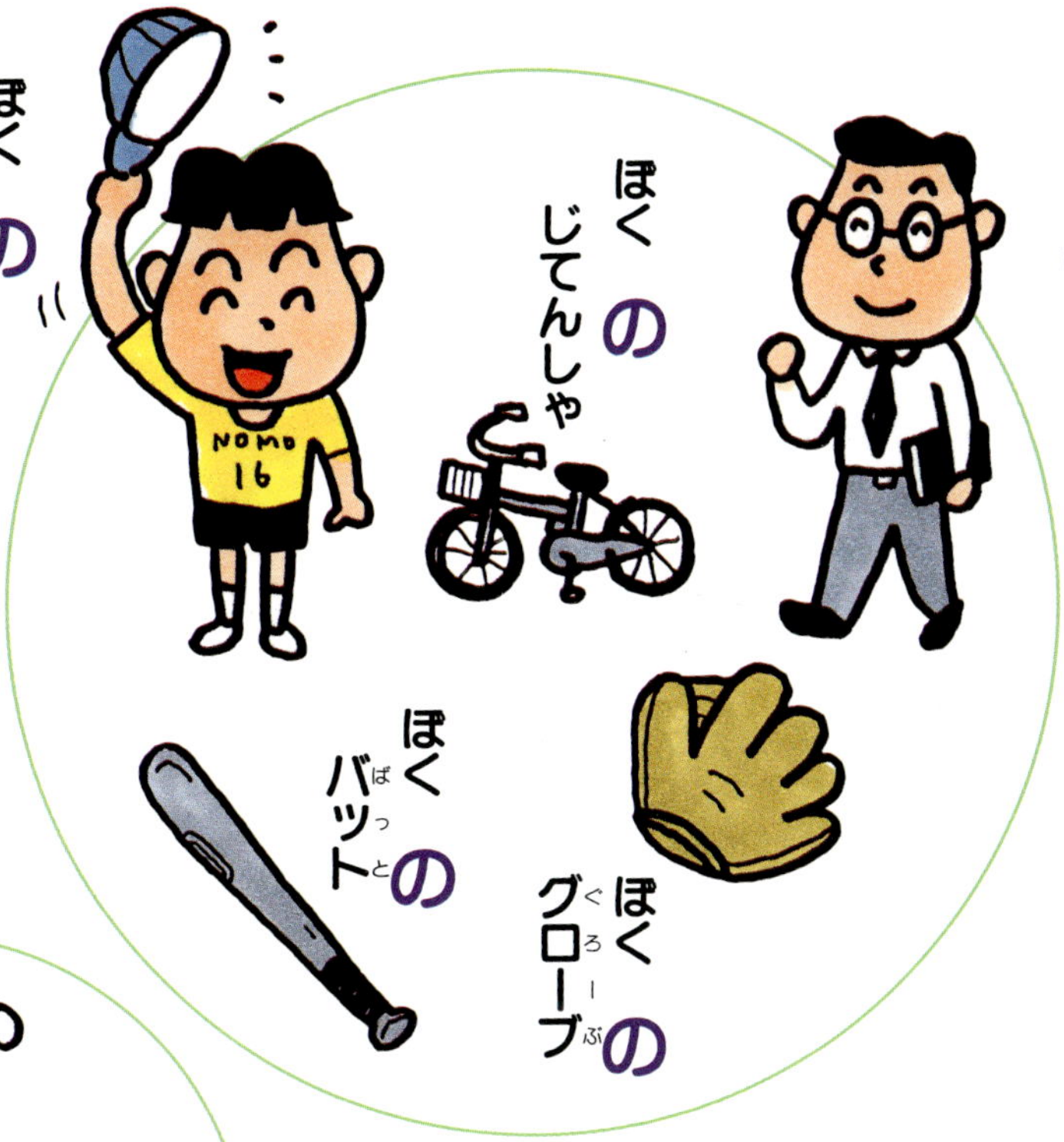

おうちの方へ

助詞「の」には、所有の意味があり、「ぼくの家」、「公園のベンチ」などのように、さしているものが、だれのものであるか、どこにあるものであるか、などをしめします。

〜と・〜で

チーズ《ちーず》は なにで つくられてるのか
きみは しってるかな？ ハム《はむ》と
たまごで なにが できる？

ハム《はむ》と たまごで つくった ハム《はむ》エッグ《えっぐ》

ぎゅうにゅう から つくられた チーズ《ちーず》

まめ で できた なっとう

トースター《とーすたー》 で パン《ぱん》 を やく。

パン《ぱん》 に バター《ばたー》 を ぬる。

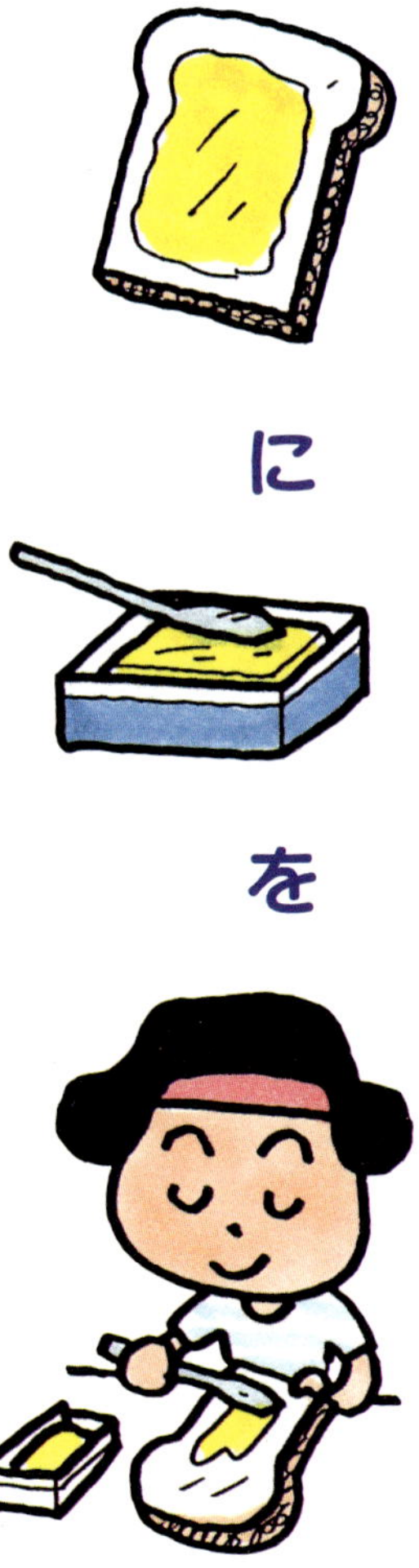

この ジャム《じゃむ》 は おかあさん が いちご で つくった。

わたし

は

いちご

に

さとう

と

ぎゅうにゅう

を

かける。

ぼく

は

いちご

には

ミルク《みるく》

を

かける。

きみ

は

いちご

に

なに

を

かけるの？

おうちの方へ

助詞「で」は、道具や方法をあらわしたり、材料をあらわしたり、場所や理由をあらわしたりします。また、「と」は、いっしょに、という意味や物ごとをならべる時に使います。

もし〜

もし、きみに はねが あったら、どう したい？ もし ねがいが かなうなら きみは どんな こと、してみたいかな？

もし あめが ふったら

たのしみに していた えんそくは

ちゅうしに なるだろう。

もし あめが ふっても

サッカー《さっかー》の しあいは

やるだろう。

おうちの方へ

「もし」は仮定の意味を持ち、「たら」「ならば」「すれば」などの言葉といっしょに使います。「そうだ」「らしい」は、伝聞、推定の意味になり、「かもしれない」は、あまり確かでない推定をあらわします。

もし はねが あったなら

そらを じゆうに とべるだろう。

そして くもに ねて みたい。

あしたは はれそうだ。

あしたは はれるらしい。

あしたは はれるかもしれない。

あしたは はれてほしい。

けれど〜

せっかく はれたと おもったのに、
また、あめが ふってきた。そとで
あそびたいけれど、あめだからなあ。

あめが やんだ。

けれど

また ふってきた。

かぜを ひいている。

ゴホン
ゴホン

けれど

ようちえんに いった。

だから

ようちえんを やすんだ。

パン《ぱん》が　すきだ。

けれど

ごはんも　すきだ。

かぜが　つよい。

でも

さむくは　ない。

そして

さむい。

おうちの方へ

「けれど」という言葉には、文の流れを変えるはたらきがあります。「しかし」「でも」なども、同様な使い方ができます。また、前の文とあとの文とを比較するときにも使います。「だから」は、理由と結果をつなぐ言葉です。

さししめす ことば

たくさん ほんが ならんでて、どれに しようか まよっちゃう。あれも いいな。これも おもしろそうだな。

あのほんを とってください。
どのほんかな？
いちばん うえの あかい ほんです。
このほんかな？
そうです。そのほんです。
はい。このほん ですか？
はい、これです。ありがとう。

おうちの方へ

「こ・そ・あ・ど」ではじまり、人・もの・場所をさししめすことばをあげています。「これ」は近くにあるもの、「それ」は相手に近いもの、「あれ」は遠くにあるもの、「どれ」はいくつかのなかではっきりしないものをさします。

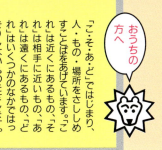

とまる　にも　いろんな　とまるが　あるね。どんな　ときに
とまるって　いうのかな？　たくさん　あるよね。

ことばで あそぼう

とけいが　うごかなくなっちゃった。
なんて　いう？

とりが　とまる。

ホテル《ほてる》に　とまる。

とけいが

ふくが　ぴったり。
なんて　いう？

ともだちと　あう。

きが　あう。

ふくが

せきが　こんこん、おや、かぜかな？
なんて　いう？

つなを　ひく。

おみくじを　ひく。

かぜを

おなじだけど ちがう

おうちの方へ

ここでは同音異義語をクイズ風にして楽しく学べるようにしてあります。「かぜを」のあとのように、言葉をぬいているところがあります。お子様に、ぬけている部分に入る言葉を答えさせてあげましょう。

だれかと おしゃべり。
なんて いう？

うしを はなす。

てを はなす。

でんわで

あさが きたよ。
なんて いう？

ふたを あける。

よが(よるが)

てんきが いいよ。
なんて いう？

めが はれる。

そらが

あたまを ぼりぼり、かゆいのかな？
なんて いう？

えを かく。

あたまを

あめが ザーザー《ざーざー》。
なんて いう？

てを ふる。

あめが

ことばで あそぼう

あつい　パン《ぱん》も、わかした　あつい　ミルク《みるく》も、おいしいね。
パン《ぱん》と　ミルク《みるく》、おなじ　あついだけど、どう　ちがうかな？

かぜが　ひゅうひゅう、なんて　いう？

テーブル《てーぶる》を　ふく。

クジラ《くじら》が　しおを　ふく。

かぜが

なにを　あげる？

てんぷらを　あげる。

プレゼント《ぷれぜんと》を　あげる。

てを

このぬのは　すけて　みえるよ。なんて　いう？

あじが　うすい。

うすい　いろ。

ぬのが

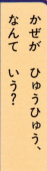

おなじだけど ちがう 2

おうちの方へ

同音異義語はひとつずつ丁寧に意味の違いを教えていきたいものです。動詞や形容詞だけでなく、名詞でも「後」(うしろ、これから先、時間や物ごとの残り)と「跡」(残ったしるし)のような同音異義語もあります。

かんかんでりだよ。
なんて いう?
あつい パン《ぱん》。
あつい ミ《み》ル《る》ク《く》。
MILK
なつは
夏

ごはんを やまもり、
なんて いう?
あめが もる。
ごはんを

ほうきで おそうじ、
なんて いう?
くつを はく。
げんかんを

いとを くるくる、
なんて いう?
たねを まく。
ひまわり
いとを

ぼくより せが おおきいな。
なんて いう?
ねだんが たかい。
10000
せが

ことばで あそぼう

はさみは　ものを　きる　どうぐだけど、きれない　ものも　あるんだね。おや、つめを　きらない　こは　どこに　いる？

このはさみは　よく　きれる。

でも　いしは　きれない。

ぼくは　つめを　きる。

つめを　きらないと…

いちねんに　いちど　あえる。

あめが　ふると　あえない。

このぼうし　よく　にあう。

おとうさんには　にあわない。

ないない あそび

とびらが
あく。

とびらが
あかない。

おうちの方へ

否定のいい方を学べるように工夫しました。「〜しない」のように意志がはたらいている場合と、「〜できない」のように意志にかかわらず不可能である場合のいい方の違いに注意しましょう。

はれた　ひは
まどを　あける。

あめなので
まどを　あけない。

このおもちゃは
でんちで　うごく。

でんちが　きれると
うごかない。

けしごむで　じが
きえる。

ボールペン《ぼーるぺん》で　かくと
きえない。

おばあちゃんの　いえに　いくのは　うれしいな。だけど
おとうさんが　いけないなら　ぼくも　いかないよ…。

ことばで あそぼう

おとうさんは　はやく　おきる。

やすみの　ひは　なかなか　おきない。

まいばん　よく　ねむれる。

きょうは　なかなか　ねむれない。

ふくろうは　ひるに　ねむる。

よるは　ねむらない。

とりは　そらを　とべる。

とべない　とりも　いる。

ないない あそび 2

おうちの方へ

「いかない」と「いけない」は同じ否定形でも意味が違いますね。その人の意志で「いかない」のと、理由があって「いけない」のと、使い方をわけて教えてあげて下さい。

おばあちゃんが　いえに くる。

おじいちゃんは こない。

おばあちゃんの　いえに いく。

おとうさんは いけない。

ぼくは　ようちえんに いく。

にちようびは いかない。

ぼくは　じてんしゃに のれる。

いもうとは　まだ のれない。

おおきな　おとが　する。みんなが　びっくりする。なんだろうと
きに　する。そんな　とき、きみなら　どうする？

おかあさんが　りょうりを　する。

ぼくは　あじみを　する。

おとうさんが　マッチ《まっち》を　する。

おかあさんは　ごまを　する。

このえは　100《ひゃく》まんえんも　する。

おかあさんは、びっくりする。

なにを する?

おうちの方へ

「する」は、やるという意味で使うほか、「寒気がする」（感じがある）、「おやつにする」（決める）、「枕にする」（あるものにならせる）、「手袋をする」（身につける）、また、「勉強する」のように、名詞のうしろについて動詞をつくる使い方もあります。

あしおとが する。

おとを きに する。

かぜで さむけが する。

びょういんに いく ことに する。

ざぶとんを まくらに する。

そろそろ おやつに する。

ことばで あそぼう

ねんどを　くねっと　まげたら、どうなるのかな？
せんを　くねくね　たどってみよう。こたえは　なあに？

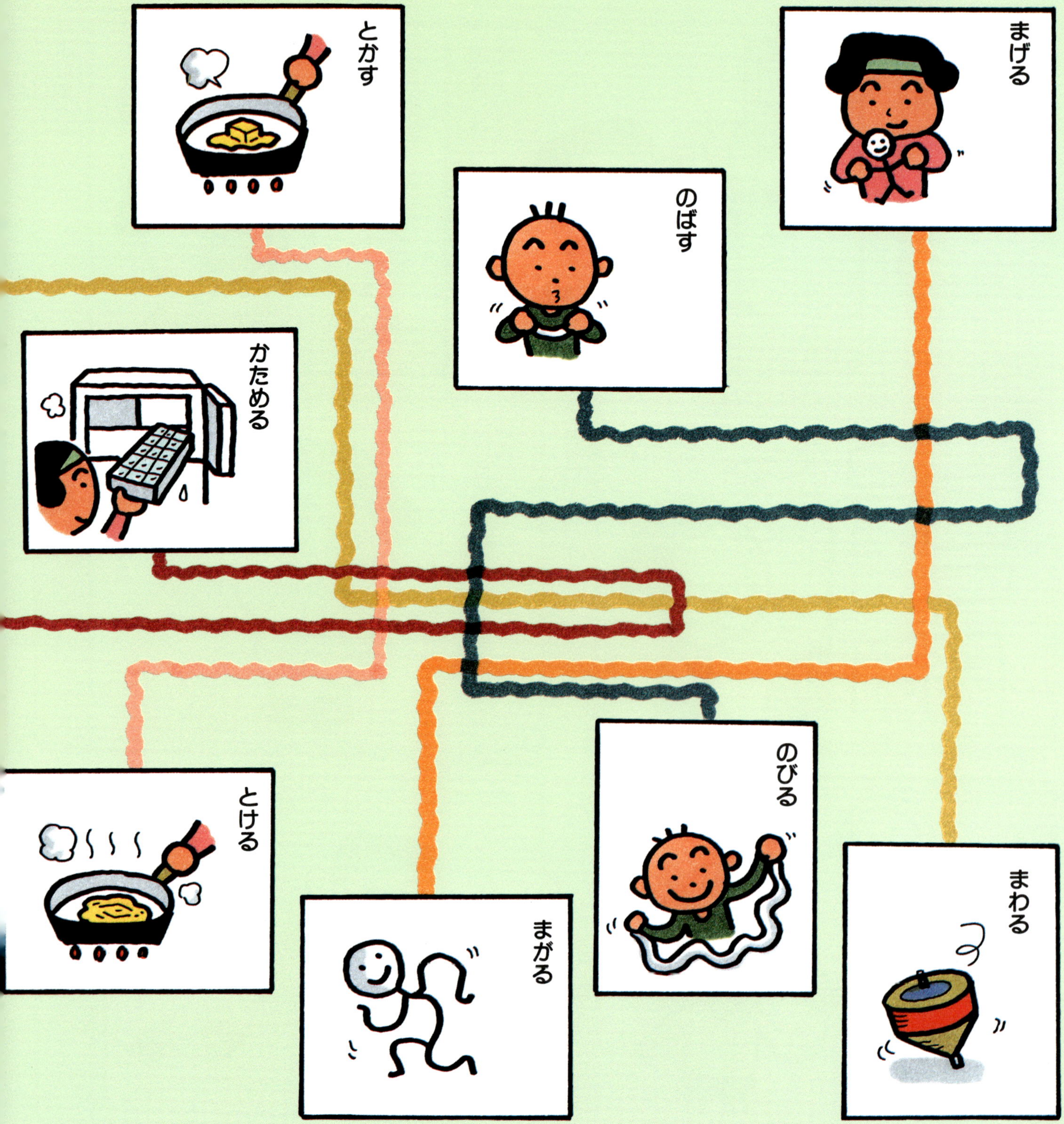

どうなる めいろ

おうちの方へ

はたらきかける立場と、はたらきをうける立場でのいい方の違いを、お子様の大好きな迷路にして、楽しく学べるように工夫してみました。ほかにもいい方がかわる言葉を探してみて下さい。

ことばで あそぼう

ロボット《ろぼっと》の　ねじを　まいて　うごかしたら、どうなるのか　みて
みよう。あみだを　たどっていくと　こたえが　あるよ。

どうなる めいろ 2

おうちの方へ

ここでは迷路ではなく、あみだにして遊べるようにしてみました。実際に、サイコロをころがしたり、ボールをおとしたりして、言葉を教えてあげてもいいですね。

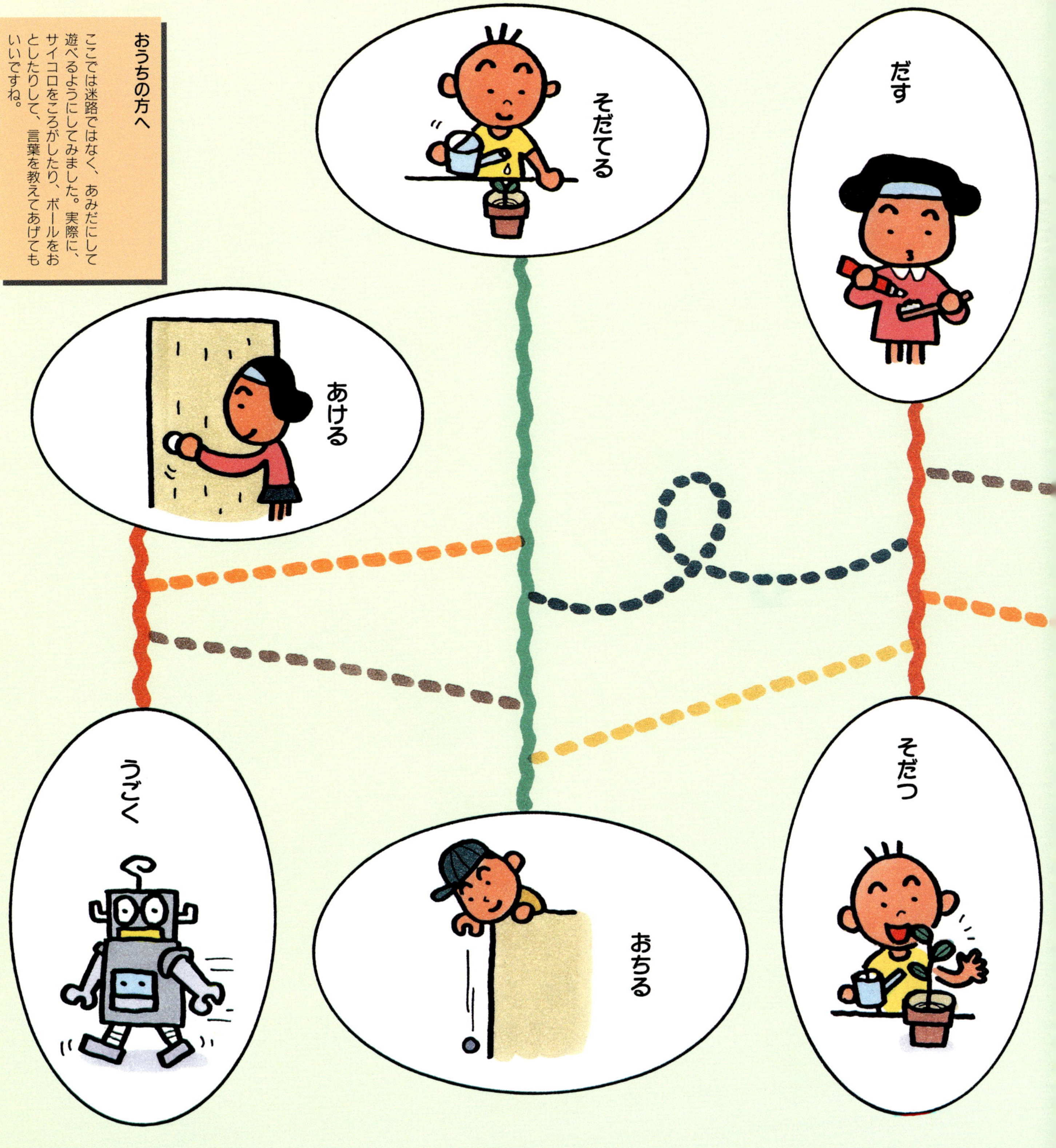

ごはんを　たべる　まえと、ぜんぶ　たべた　あと、おかあさんに
ありがとうの　きもちで　いう　ことばって　なんだ？

いってらっしゃい。
いってきます。
おめでとう。
ありがとう。
おめでとう。
おかえりなさい。
ただいま。
ごめんなさい。
いいのよ。

こんな とき なんて いう？

おうちの方へ

毎日の生活の中で、あいさつはとても大切な言葉です。その時どきによって、使う言葉が決まっているので正しく教えておきましょう。「あいさつする」（44頁〜47頁）もご覧ください。

にている ことばの つかいわけ

いみが　にている　ふたつの　ことば。
つかいかたの　ちがいが　わかるかな？

いる と ある

おおぜいの　ひとが　いる

はなびたいかいが　ある

いけに　さかなが　いる

にわに　いけが　ある

おうちの方へ

「いる」も「ある」も存在をあらわしますが、「いる」は、人や動物がそこに存在することをあらわし、「タクシーがいる」のように、人が乗った乗り物にも使われます。また「兄は京都にいる」のように、ある程度長い時間滞在する、住んでいるという意味もあります。「ある」は、物事がある場所に位置することをあらわし、「祭りがある」のように、あることが起こる、行われるという意味でも使われます。

あがる と のぼる

にかいに　あがる

きに　のぼる

いえに　あがる

やまに　のぼる

おうちの方へ

「あがる」は、下の方から上の方へ行ったり、低い所から高い所へ移ったりすることをあらわし、「幕があがる」「屋上へあがる」のように使われます。また「熱があがる」「値段があがる」「成績があがる」のように、程度がより高くなるという意味もあります。「のぼる」は、高い所へ行くことをあらわし、「山道をのぼる」などのように使われます。「川をのぼる」のように、上流へ進むという意味もあります。

おろす と さげる

つくえから　おろす

あたまを　さげる

にもつを　おろす

えの　いちを　さげる

おうちの方へ

「おろす」は、低い所へ移すこと、「さげる」は、上から下へ動かすことをあらわします。「おろす」は、「新しい靴をおろす」のように、物を使い始めるという意味や、「わさびをおろす」のように、おろしがねでするという意味もあります。「さげる」は、「かばんをさげる」のように、ぶらさげるという意味や、「食器をさげる」のように、片づけるという意味でも使われます。

いう と はなす

「ありがとう」と　いう

ともだちと　はなす

なまえを　いう

えいごを　はなす

おうちの方へ

「いう」は、「はなす」という意味も含め、言葉にあらわすこと、「はなす」は、気持ちや事柄などを声に出して相手に伝えることをあらわします。「はなす」は、「英語をはなす」のように、ある言語を使うという意味もあります。一般的には、「意見」は「はなす」ではなく「いう」、「思い出」は「いう」ではなく「はなす」が使われます。似た意味を持つ言葉としては、ほかに「かたる」や「のべる」があります。

おもう と かんがえる

おうちの方へ

「おもう」は、心の中で感じること、「かんがえる」は、「問題をかんがえる」のように、頭を働かせたり、筋道を立てて判断することをあらわします。また「おもう」は、「はれるとおもう」のように、推し量る、想像するという意味や、「おもうようにする」のように、望むという意味、「子をおもう」のように、愛するという意味でも使われます。

こする と なでる

めを　こする

あたまを　なでる

たわしで　こする

いぬを　なでる

おうちの方へ

「こする」は、表面に何かを押しつけて動かすこと、「なでる」は、手のひらなどでやさしく触れることをあらわし、「眠そうに目をこする」「そっと背中をなでる」のように使われます。似た意味を持つ言葉としては、ほかに「さする」があります。また「こする」は「車をこする」のように、接触事故を起こすという意味もあります。

たたく と うつ

ドアを　たたく

くぎを　うつ

かたを　たたく

ホームランを　うつ

おうちの方へ

「たたく」は、手や棒などを用いてうつこと、「うつ」は、ある物をほかの物に強く当てることをあらわします。一般的には、「ドア」は「うつ」ではなく「たたく」が使われます。「うつ」は、「敵をうつ」のように、相手をやっつけるという意味や、「心をうつ」のように、感動するという意味でも使われます。

とどく と つく

おくりものが　とどく

やまの　ちょうじょうに　つく

ねんがじょうが　とどく

○△えき
○○えき
△△えき
でんしゃが　えきに　つく

おうちの方へ

「とどく」は、送ったものが到着すること、「つく」は、ある場所に至ることをあらわします。「とどく」は「手がとどく」のように、長さなどが十分あってある所に達するという意味や、「目がとどく」のように、すみずみまで行きわたるという意味でも使われます。「つく」は、「席につく」のように、座るという意味もあります。

よぶ と まねく

おかあさんを　よぶ

おきゃくさまを　まねく

TAXI
TAXI
タクシーを　よぶ

はっぴょうかい
そつえんせいを　まねく

おうちの方へ

「よぶ」は、相手に向かって声をかけることや、誘ったり頼んだりしてこちらに来させること、「まねく」は、客を呼んでもてなすことをあらわします。また「よぶ」は、「人気をよぶ」「嵐をよぶ」のように、引き寄せるという意味や、「子猫をタマとよぶ」のように、名づけるという意味でも使われます。「まねく」は「事故をまねく」のように、よくないことを引き起こすという意味もあります。

はさむ と つまむ

パンに　やさいを　はさむ

むしを　つまむ

わきの　したに　たいおんけいを　はさむ

おかしを　ひとつ　つまむ

おうちの方へ

「はさむ」は、物と物との間に置いたり、両側から押さえたりすること、「つまむ」は、指先や箸などではさんで持つことをあらわします。また「はさむ」は、口出しすることを意味する「口をはさむ」という表現にも使われます。「要点をつまむ」は、大事な点を抜き出す、かいつまむことをあらわします。

むすぶ と しばる

くつひもを　むすぶ

しんぶんしを　しばる

リボンを　むすぶ

たきぎを　しばる

おうちの方へ

「むすぶ」は、ひもなどの端をからませてほどけないようにすること、「しばる」は、縄などを巻いて物が動かないようにすることをあらわします。似た意味を持つ言葉としては、ほかに「ゆう」や「からめる」があります。

また「むすぶ」は、「町をむすぶ道路」のように、離れているものをつなぐという意味もあります。助け合うという意味の「手をむすぶ」という表現でも使われます。

ひかる と かがやく

カメラの　フラッシュが　ひかる

ほうせきが　かがやく

かみなりが　ひかる

メダルが　かがやく

おうちの方へ

「ひかる」は、光を出したり反射したりするようす、「かがやく」は、まぶしく、きらきらして明るく見えるようすをあらわします。似た意味を持つ言葉としては、ほかに「きらめく」があります。また「ひかる」は「才能がひかる」のように、優れていて目立つという意味でも使われます。「かがやく」は「希望にかがやく」のように、明るく晴れがましく見えるという意味もあります。

やく と もやす

おうちの方へ

「やく」は、火や熱源に当てて熱すること、「もやす」は、火をつけて炎を出させることをあらわします。「やく」には、「肌をやく」のように、日光に当てて、皮膚を黒くするという意味もあり、また、上手に扱えなくて困るという意味の「手をやく」という表現でも使われます。「もやす」は「情熱をもやす」のように、気持ちを高ぶらせるという意味もあります。

しめる と とじる

あまどを　しめる

めを　とじる

ひきだしを　しめる

ほんを　とじる

おうちの方へ

「しめる」は、内と外が分かれるようさえぎること、「とじる」は、開いている部分を合わせて隙間をなくすことをあらわします。似た意味を持つ言葉としては、ほかに「とざす」や「ふさぐ」があります。また「しめる」も「とじる」も、「店をしめる」「店をとじる」のように、終えるという意味でも使われます。

のこる と あまる

ひとりだけ　いえに　のこる

ふたつずつ　わけると　ひとつ　あまる

ゆきが　のこる

おかねが　あまる

おうちの方へ

「のこる」は、後にそのままあり続けることを意味し、「あまる」は余分にあること、必要な分を除いても残りがあるようすをあらわします。また「のこる」は、「歴史にのこる」のように、後世に伝わるという意味もあります。「あまる」は、自分の力ではできないことを意味する「手にあまる」という表現でも使われます。

かきじゅん

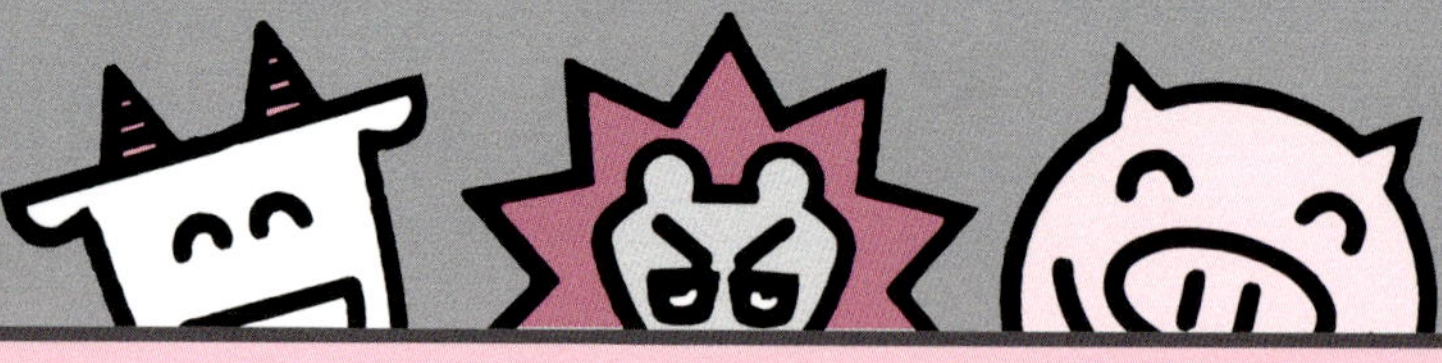

あ い う え お

か き く け こ

さ し す せ そ

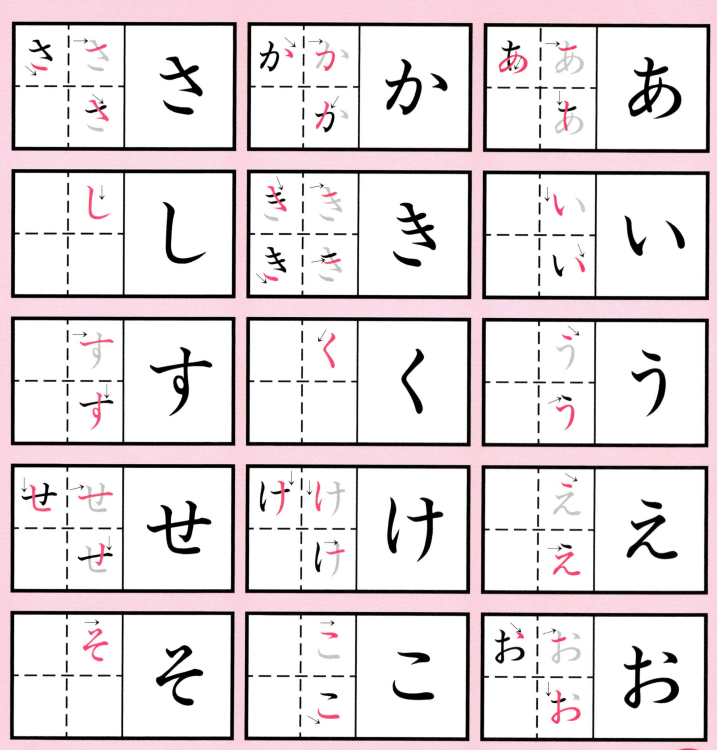

ひらがなごじゅうおん

は	な	た
ひ	に	ち
ふ	ぬ	つ
へ	ね	て
ほ	の	と

ひらがなごじゅうおん　かきじゅん

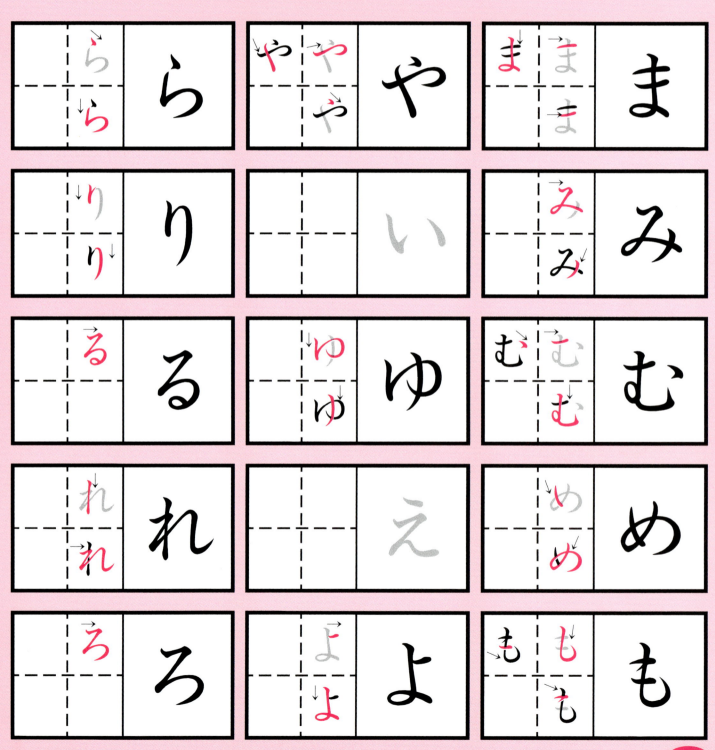

ら	や	ま
り	い	み
る	ゆ	む
れ	え	め
ろ	よ	も

わ わ わ

い

う

え

を を を を

ん ん

かきじゅん

ア	カ	サ
イ	キ	シ
ウ	ク	ス
エ	ケ	セ
オ	コ	ソ

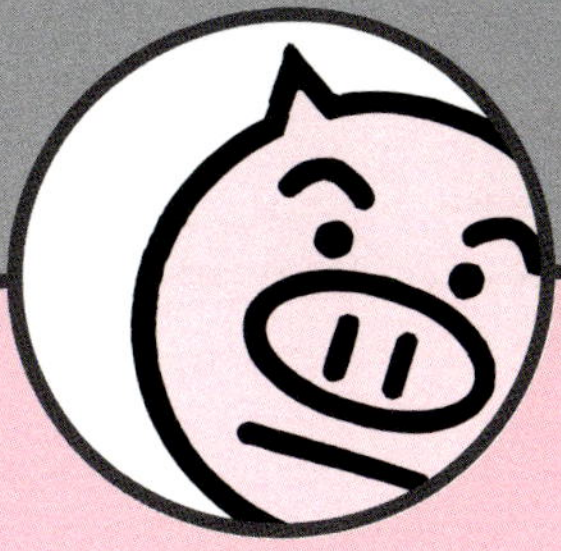

カタカナごじゅうおん

ハ	ナ	タ
ヒ	ニ	チ
フ	ヌ	ツ
ヘ	ネ	テ
ホ	ノ	ト

カタカナごじゅうおん　かきじゅん

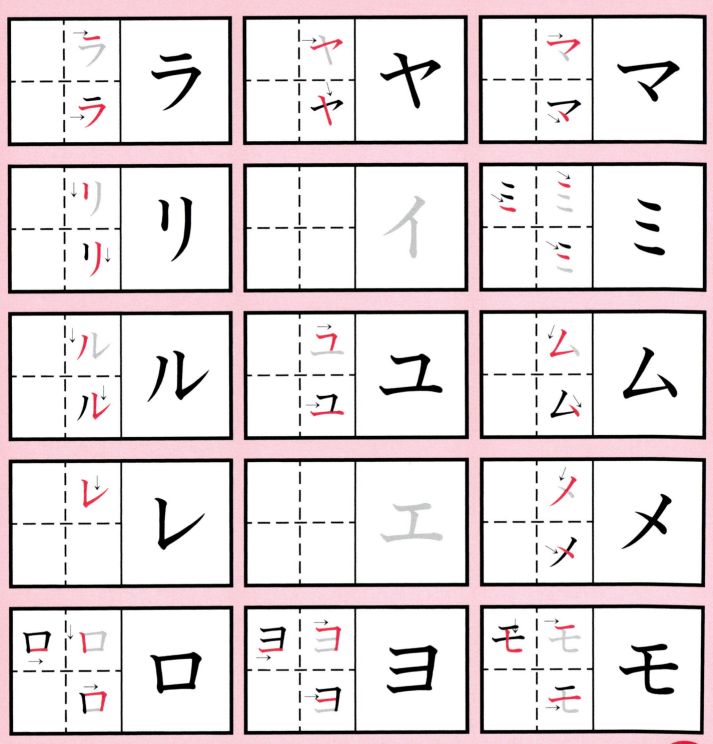

ラ	ヤ	マ
リ	イ	ミ
ル	ユ	ム
レ	エ	メ
ロ	ヨ	モ

ワ

イ

ウ

エ

ヲ

ン

お母さん・お父さんへ

幼児のことばの発達

松原達哉

子どものことばは急速に発達します。特に2歳から6歳では、飛躍的にことばを理解し、覚え、使うようになっていくようです。もちろん発達には個人差があり、かなり早い時期から急速にことばに興味を示す子どももいれば、やや遅めの時期から急速に習得していく子どももいます。左ページの表は平均的なデータですが、あくまで目安と考えてください。ことばは本来、日常生活のなかで生きて使われているものです。毎日の生活を営んでいくうちに自然と身についていくものですから、この時期の多少の発達の早い遅いでお母さんやお父さんが思い悩む必要はありません。むしろ、お母さんやお父さんに気を配ってもらいたいのは、子どもがことばに興味を持つきっかけ作り、土台作りです。子どもとのコミュニケーションのなかで、ベースになる、よいことばの環境を作ってあげましょう。あとは、ゆっくりと子どもの興味にあわせていけばよいのです。お母さんとお父さんは、子どもにとって「人生で最初の最良の先生」です。ことばは先生の上手な働きかけによって発達するのです。以下は、それぞれの時期におけるお母さん・お父さんへのアドバイスです。ここでもやはり目安として、何歳頃と示しましたが、お子さんにあわせて柔軟に考えてください。

① できるだけことばかけをします。 — 2カ月頃より

子どもに「まりちゃん、おはよう」「けんちゃん、こんにちは」などといつも声かけをします。子どもはお母さんやお父さんのことばかけが多いと、ことばをたくさん覚えます。お母さん・お父さんは、笑顔で子どもの名前を呼んで話しかけましょう。子どもは、ことばの意味がわからなくても、親と子のコミュニケーションをしていることはわかるのです。

② 子どもは、親のことばを模倣します。 — 10カ月頃より

お母さんとお父さんが無口だと、子どものことばの発達は遅くなります。お母さんとお父さんがたくさん話すと、子どももまねして語彙がふえます。小さな子どもでも、両親の表情を見て、気持を読みとることができます。表情と音声とを結びつけて、だんだんことばを学習します。

③ 親は子どもの発声をまねします。 — 1歳頃から

「ブーブー」と子どもがいったら「そうブーブーね」、「ワンワン」といったら「そう、ワンワンね」とまねをすると、子どももしっかり覚えます。このような繰り返しで徐々にことばを覚えていくのです。

④ 絵を見せて名前を教えます。 — 2歳頃

「犬」の絵を見せて「ワンワン」「イヌさん」、「りんご」の絵を見せて「りんごよ」「おいしいりんご」などと、身近な動物、食物などについて、実物を見せて、単語を教えます。子どもが興味をもっているものを見せて、何回も何回も繰り返すうちに、単語を覚えます。

⑤ 絵本を読んでやります。 — 2歳半

子どもが興味をもった絵本を与えて、お母さんやお父さんがゆっくり読んでやりましょう。子どもは同じ絵本を何回も読んでもらうのが好きです。繰り返し読んでいるうちに子どもも内容を覚えます。途中で間違って読むと「違う」というようになります。

⑥ 子どもにお話をしてやります。 — 3歳

食後やねる前に童話を話してやると、何回も喜んで聞きます。お話をしてやることによって、親子の交流も深まっていきます。

⑦ 絵本を読んだ後、子どもに話をさせます。 — 3歳半

子どもに絵本の話や童話の話をさせ、親は聞き上手になるようにします。間違っていたら、やさしくなおしてやります。幼児音（チュジュメなど）や幼児語（ワンワン、ブーブー）などを使っても、神経質に直す必要はありません。周囲の人が正しいことばを使って話せば、だんだん正しいことばを覚えていきます。

⑧ 聞き上手な親になります。 — 3歳半

幼稚園の話、テレビでみた話などを子どもがしはじめたら、お母さんとお父さんは耳を傾けてよく聞きましょう。聞き上手な親は、話し上手なお子さんを作ります。子どもの話をゆっくり落ち着いて聞いてあげ、せっかちに話をさせないようにします。

⑨ うまく話せたらほめてやります。 — 3歳半

子どもが話を上手にしたら、感心してほめてやります。ほめ上手なお母さん・お父さんは、話し上手な子どもを育てます。子どもは、いつでも親がよく聞いてくれ、また、ほめてくれると、ますます喜んで話をするようになります。

⑩ 園での話を具体的に尋ねます。 — 4歳

幼稚園や保育園での話を、「今日は、幼稚園（保育園）でどんなことがあったの」と漠然と聞いても、子どもはなかなか話ができません。具体的に「今日は、どんな歌を歌ったの」「今日は、どんなお遊戯（リトミック）をしたの」「どんな絵を描いたの」などと尋ねて、話しあう機会を多く持ちましょう。

⑪ 絵本や図鑑などを買い与えます。 — 5歳

子どもの年齢にあった絵本・童話・動物図鑑などを与えて、本に親しむ生活をさせます。そして、親子で話をする時間を多く持ちましょう。

⑫ 子どもに自主的に話をさせます。 — 6歳

子どもの知っている昔話、童話、幼稚園（保育園）で覚えたことなどの話をさせて、お母さんとお父さんはゆっくり、落ちついて聞き役になります。忙しいお母さん・お父さんは、1日30分、または1週間に1～2時間、子どもとの時間をとって、親子で話す機会を持つようにします。子どもが作った話をさせてもよいでしょう。

以上、ことばの発達のためのベース作りについて述べてきましたが、子どものことばの発達は、お母さんやお父さんの声かけ、働きかけ、育て方によって、大きく違ってきます。三つ子の魂百までもといいますが、特に3歳までの発育はとても急速であり、それだけに大切な時期なのです。できるだけ時間を作って親子の会話、コミュニケーションを活発にしましょう。そして、子どもが何かのきっかけで興味を持ち、「これ、なあに？」「どういう意味？」などとたずねてきたら、その時は、この『ことばつかいかた絵じてん』や同じシリーズの『こどもことば絵じてん』を使って、おおいにことばの世界を広げてあげてください。繰り返し見て、使うことによって、お子さんの表現力がいっそう豊かになっていくことと思います。

	ことばをとらえる（認知・理解）	ことばを聞く・話す・表現する（音）	ことばの数（語彙と文）
0歳	声に反応する。 「バイバイ」「サヨナラ」などに反応する。 「ダメ」というとわかる。 犬、自動車、ボール、人形などの名前をいうと絵を示す。	泣き声で空腹・ねむいことを母親に伝える。 「ブーブー」などと、話をするように声を出す。 人に向かって声を出す。 泣かずに、身ぶりや表情、音声（「アーアー、ウーウー」など）で欲求をあらわす。	
1歳頃	父母兄弟（身近な人）がわかる。 自分の名前がわかる。	口に出す声がはっきりしてくる。 何かを食べたい時、母親に近づきたい時など、声で表現する。	1語を出す。（ママ、マンマ） ↓ 2語を出す。 ↓ 3語いえる。 ↓ 4語いえる。
1歳半頃	「おいで」「ちょうだい」「ねんね」がわかる。 「ボールをもってきてちょうだい」などの指示がわかる。	「いや」がいえる。	意味のあることば「マンマ」などを2ついえる。
2歳頃	目、耳、口、頭をたずねるとさし示す。  数が2までわかる。	絵本を読んでやると喜んで聞く。 ↓ 絵本を見て、何かいう。 ↓ 母親に話をして欲しいとせがむ。 家族の話しかけに答える。 「なぜ」「どうして」とよく質問をしはじめる。	「おいしい」など1語文がいえる。 大人のいった単語をまねる。 食べる、泣くなどの動詞を使う。 「ワンワン、きた」など2語文を話す。 絵を見て、家、サイフ、時計、めがね、くつ、机などがわかる。
3歳頃	「大きい」「小さい」がわかる。 色がわかる。 数が5までわかる。 	「ぼく」「わたし」がいえる。 自分の年齢がいえる。 いろいろな物の名前をいう。 家族以外の人にも話しかける。 自分の名前を呼ばれると「ハイ」と返事をする。 急速に言葉が発達。	3語文がいえる。 りんご、バナナ、みかん、飛行機、旗、鳥、傘などの名前がいえる。 大きい・小さいなどの反対語がいえる。
4歳頃	1〜10くらい数えることができる。 やさしいひらがな文字が読めるようになる。 「速い」「遅い」がわかる。	「ありがとう」「ごめんなさい」などがいえる。 名前を聞かれると、姓名とも答えられる。 幼児語（「ワンワン」「ブーブー」など）を使わないで話す。 「○○してもいい？」と許可を求める。	昼間は明るい、夜は…、子どもは小さい、大人は…などの反対語がいえる。 「でも」などの接続詞を使う。 
5歳頃	自分の名前のひらがなが読める。 順番を守ったり、自分のものを他人と分けあって遊んだりする。 左右の区別ができる。 	自分の経験したことを話す。 住所、親の名前がいえる。 想像したことを本当のことのように話す。	文章の反唱をする。 やさしいひらがなが書けるようになる。
6歳頃		ほぼ大人と普通に会話できるようになる。	使える語彙は半分ほどだが、約5,000語ほど理解している。

はい、
この ほんは
ここで、
おわります。
パタン
おわる

装丁・本文デザイン〈p.396～411〉　大薮胤美　梅井靖子　江部憲子（フレーズ）
本文デザイン〈p.2～395、p.412～421〉　森谷由美子（ペグハウス）　青山睦
表紙立体製作　らたこ
表紙立体撮影　上林徳寛
本文立体製作　たたらなおき
本文立体撮影　溝口清秀（千代田スタジオ）
イラスト　猪熊祐子　鴨下潤　北森ちか　久住卓也
児玉しのぶ　C・マンチェゴ　ジャンボ・KAME
高島優子　田頭よしたか　立野恵子　本橋靖昭
森のくじら　山本省三　山本正子　米山永一
和田慧子

編集・構成　株式会社童夢

1998年3月3日　初版発行
2009年12月10日　小型版発行
2016年4月30日　増補新装版発行

こども ことばつかいかた絵じてん
増補新装版

2016年4月30日　第1刷発行

監　修　金田一春彦
編　者　三省堂編修所
発行者　株式会社三省堂 代表者 北口克彦
発行所　株式会社三省堂
〒101-8371 東京都千代田区三崎町二丁目22番14号
電話（編集）03-3230-9411（営業）03-3230-9412
振替口座 00160-5-54300
http://www.sanseido.co.jp/
印刷所　三省堂印刷株式会社

落丁本・乱丁本はお取り替えいたします。
ISBN 978-4-385-14316-3〈増補つかいかた絵じてん・432pp.〉

さくいん

あ・ア

- あい（藍）……215
- あいさつする……44, 45, 46, 47, 49
- あいずする……65
- アイデアをおもいつく……159, 198
- アイロンをかける……26, 53, 184
- あう（会う）……45, 380
  - あえない……384
  - あえる……384
- あう（合う）……88, 160, 248, 380
  - あわない……88, 359
- あえる……35
- あおい……202, 203
  - あお……214, 215
  - あおざめた……319
  - まっさおな……203
- あおぞらになる……113
- あおむけになる……99
- あおむらさきいろの……211
- あかい……200, 201
  - あか……214, 215
  - あからめる……200
  - まっかな……200
  - まっかになる……200
- あがる（上がる）…39, 50, 103, 112, 113, 180, 181, 312, 362, 398
- あがる（揚がる）……180, 181
- あかるい……353
  - あかるくなる……110
- あきかぜがふく……118
- あきになる……118
- あきる……328
- あく……385, 392
  - あいている……364
  - あかない……385
  - あけない……385
  - あける…82, 108, 110, 111, 149, 269, 381, 385, 393
- あくしゅする……76
- あぐらをかく……123
- あける（明ける）……381
- あげる（挙げる）……81, 180, 181, 382
- あげる（上げる）……17, 106, 180, 181, 363
- あげる（揚げる）……35, 67, 85, 180, 181, 382
- あげる（プレゼントを）……180, 382
  - あげている……370
- あこがれる……177
- あさい……352
- あさになる……110
- あしあとがある……194
- あしおとがする……389
- あじがいい……321
- あじがうすい……382
- あじがこい……353
- あじつけをする……35
- あしぶみする……128
- あしぶみをする……127
- あじみをする……388
- あじをおもいだす……198
- あしをかける……101
- あしをくずす……123
- あしをくむ……123
- あしをふく……40
- あじをみる……35, 177
- あずかる……166, 167
  - あずける……166, 167
- あせをかく……102, 259
- あそこ（代名詞）……194, 379
- あそぶ……54, 62, 63, 77, 78, 96, 97, 98, 256, 299, 303, 339, 365
  - あそべない……62
- あたえる……71
- あたたかい……240, 241
  - あたたかくなる……116
  - あたたまる……38, 240
  - あたためる……71
- あたまがいい……321
- あたまがいたむ……103
- あたまをおさえる……108
- あたまをかく……141, 381
- あたまをさげる……183, 399
- あたまをなでる……402
- あたまをひやす……102
- あたまをぶつける……105
- あたらしい……250, 357
- あたる……69, 116
- あつい（厚い）……351, 383
  - あつく……351
- あつい（暑い）…117, 295, 347, 383
- あつい（熱い）……240, 383
- あつさにつよい……356
- あつさによわい……356
- あつまる……71
- あつめる……74, 95
- あてる……53, 69, 106
- あと……364
- あとかたづけをする……36
- あとかたづけをてつだう……30
- あとから……364
- あながあいている……364
- あの……378
- あびる……39
- あぶない……298, 299
- あぶらをひく……189
- あふれる……38
- あまい……234, 235
  - あまくする……235
  - あまずっぱい……239
- あまえる……135
- あまどをしめる……410
- あまる……248, 411
- あむ……53
- あめがふりやむ……113
- あめがふる……112, 381
- あめがもる……383
- あめにぬれる……112
- あやとりをする……55
- あやまる……47, 48, 77
- あらう……14, 19, 21, 24, 25, 34, 37, 39, 109, 271
  - あらってあげる……93
  - あらってもらう……24, 93
- あらわれる……191
- ありがとう…47, 49, 50, 162, 165, 167, 394, 395
- ありがとうございました……47
- ある……175, 194, 315, 346, 397
  - あります……368
- あるく…80, 124, 125, 288, 289, 358, 364
  - あるきつかれる……124
  - あるきつづける……124
  - あるきにくい……125
  - あるきまわる……125
  - あるけない……124, 125
- あわだてる……21
- あわをながす……37
- あんぜんな……298
  - あんぜんだ……298
- あんないする……91
  - あんないされる……91

い・イ

- いい（よい）… 160, 249, 320, 321, 322, 323
- いいことをする……322
- いう……47, 51, 79, 154, 159, 171, 186, 301, 400
  - いいあう……79
  - いいあらそう……77
  - いいかえす……154
  - いいつける……154
  - いいはる……154
  - いえない……154
  - いわない……154
- いうことをきく……155
- いえがちかい……292
- いえにあがる……50, 180, 398
- いえにあげる……180
- いえにかえる……192
- いえにすむ……195
- いえにのこる……411
- いえにまねく……50, 51
- いえをたずねる……46, 50
- いきをすう……66
- いく…14, 86, 87, 90, 92, 94, 106, 108, 109, 387
  - いかない……387
  - いけない……387
  - いこう……340
  - いった……376
- いくことにする……389
- いけがある……397
- いけんをいう……154
- いしきがなくなる……161
- いしきがもどる……161
- いそがしい……288
- いたい……244, 245
  - いたむ……103, 104, 109, 305
- いただきます……21, 51, 395
- いためる……35
- いちをさげる……399
- いっしょうけんめい……66
- いっしょに……61
- いっちょうら……250
- いってきます……18, 44, 394
- いってらっしゃい……18, 44, 394
- いっぱい……360
  - いっぱいに……361
- いとがひく……96
- いとこがいる……194
- いとをたらす……96
- いとをとおす……52
- いとをまく……383
- いない……174, 194
  - いなくなる……174
- いなかにうつる……193
- いななく……92
- いぬをかう……70
- いぬをなでる……402
- いのる……157
- いばる……287
- いもうとがいる……194
- いもうとができる……196
- いやがる……108
- いらだつ……153
  - いらいらする……153
- いらっしゃい……46, 50, 395
- いらっしゃいませ……47
- いる……120, 175, 194, 338, 370, 386, 397
- いる（要る）……194
  - いりません……368, 369
- いれる……24, 55, 67, 86, 89, 276, 279, 361
- いろいろな…214, 220, 238, 250, 319
- いろがかわる……118, 192
- いろがにじむ……59
- いろをえらぶ……75
- いろをさがす……74
- いろをつける……58
- いろをまぜる……59
- いわう……47

う・ウ

- うえ……362, 363
- うえにあがる……180, 362
- うえにあげる……180, 363
- うえにいる……120
- うえにのばす……362
- うえにのぼる……363
- うえる……68, 69
- うえをむく……362
- うがいをする……19, 109
- うかぶ…94, 99, 116, 130, 273, 348
- うかべる……97
- うかれる……301
- うきうき……286

うきうきする……313
うけとる……47, 67, 86, 166, 167
うごかす……55, 139, 392
うごく……193, 385, 393
　うごかない……385
うさぎをかう……71
うしなう……161
うしろ……364
うしろにかくれる……364
うしろにさがる……182, 364
うしをはなす……381
うすい……351, 353, 382
　うすく……351
　うすぐらい……351
うずくまる……123
うそをつく……186
うたう……72
うちがわにさがる……85
うつ……73, 107, 403
　うちあげる……65
うつくしい……270, 271
うつす……193
うつす（移す）……193
うつす（写す）……178, 193
うつる……193
うつる（移る）……193
　うつりすむ……195
うつる（写る）……193
うつる（映る）……193
うでをあげる……180
うとうと……289
うまい……325
　うまく……325, 329
　うまくなる……180
うまがかける……184
うまにのる……93
うまる……95
うまれる……71, 146, 192, 196
うむ……71
うめる……95
うら……365
うらがえす……365
うる……47, 86, 87
うるさい……232, 233
うれしい……300, 301
　うれしくて……150, 152, 301
うろうろ……284
うんどうかいでがんばる……66

え・エ

えいごをはなす……400
えいようをとる……178
えきにつく……404
えさにあつまる……71
えさにかかる……96
えさによってくる……92
えさをあたえる……71
えさをくわえる……71
えさをもらう……92
えさをやる……31, 71, 92, 145
えじてんをひく……188
えのぐがとびちる……59
えものをおそう……144
えものをとる……179
えらい……315
えらぶ……60, 75, 87, 89, 188, 367
えりがきつい……249
えをうつす……193
えをかく……58, 381
えをかける……184
えんそうする……72, 188

お・オ

おいしい……236, 237, 321, 339
おいる……147
おう……62, 97, 126
　おいかける……65, 66, 98, 126
　おいこす……66, 126
　おいつく……66, 126
　おいぬかれる……66
　おいぬく……66
　おわれる……126
おうえんする……67
おおい……360, 361
　おおくなる……361
おおきい……342, 343
　おおきくなった……343
　おおきくなる……146
　おおきさ……249
　おおきすぎて……248
　おおきすぎる……249
　おおきな……195, 343
おおごえでしかる……153
オーブンでやく……21
おおわらいする……326
おかあさんになる……147
おかあさんをよぶ……405
おかえりなさい……18, 45, 394
おかしい……151
おかずをはこぶ……30
おかねがあまる……411
おかねをうけとる……86
おかねをはらう……86
おかわりをする……32
おきゃくさまをまねく……405
おきる……12, 13, 44, 111, 359, 386
　おきている……359
　おきない……386
おく……36
おくりものがとどく……404
おくる……44
おくれる……359
おこなう……181
　おこなわれる……194
おこる……153
　おこった……318
　おこられる……153
おさえる……73, 108
おさない……357
おしえる……314
おじぎをする……183
おしっこをさせる……70
おしっこをする……70
おしぼりがだされる……91
おしぼりをだす……91
おしゃべりをする……154
おじゃましました……46
おじゃまします……50
おす……24, 63, 82, 141, 168, 189
おそい……332, 358, 359
　おそく……359
　おそくなる……359
　おそくまで……359
おそう……144
おそろしい……310
　おそれる……311
おだいじに……335
おちこむ……333
おちつかない……312
おちる……25, 105, 112, 113, 118, 173, 393
おつかいができる……196, 315
おつかいにいく……86, 87
おつかいをする……31
おつりをもらう……87
おつりをわたす……87
おてつだいをする……30
おてんばな……317
おとうさんになる……147
おどおど……287
おとがはずれる……72
おとす……64, 67, 173, 392
おとなしい……315
おとなになる……147
おどれない……325
おどろく……313
　おどろいた……319
おなかがいたい……245
おなかがいたむ……103
おなかがいっぱい……360
おなかがすいた……294
おなかがでる……190
おなかをこわす……103
　おなかをこわしている……120
おなじ……251, 348
おにいさんになる……146
おにはそと……366
おニューの……250
おねえさんになる……146
おねがいします……48, 164, 167
おねがいする……156
おばあちゃんをおもいうかべる……159
おはじきをする……55
おはよう……12, 44
おはようございます……44
おびえる……311
おびをしめる……16
おふろにはいる……38
おぼえている……269
おぼれる……94
おまけがつく……187
おまつりがある……194
おみくじをひく……380
オムライスがだされる……90
オムライスをだす……90
おめでとう……47, 394
おもい……296, 348, 349
　おもくなる……348
おもいでをかたる……154
おもう……158, 305, 330, 331, 401
　おもいうかべる……159
　おもいきって……159, 198
　おもいだす……159, 161, 198
　おもいつく……159, 198
　おもいやる……159, 198
おもさをくらべる……143
おもさをはかる……86, 142
おもしろい……303, 326, 327
おもちゃであそぶ……54
おもて……365
おもてであそぶ……365
おやすみ……42, 45
おやすみなさい……43, 45
おやつにする……389
おやつをたべる……22
おやつをつくる……20
およぐ……95, 97, 145, 273
おりる（下りる）……80, 180, 181
おりる（降りる）…83, 84, 115, 182
おる……59, 75, 107
　おりまげる……75
　おれる……59
おれいをいう……47, 51, 171, 301
オレンジいろの……210
おろす（下ろす）…34, 180, 363, 399
おわる……195
おんがくがきこえる……155
おんがくをかける……185
おんがくをきく……155
おんぶする……125

か・カ

が（助詞）……368, 369, 370, 372
ガー……223, 225
かあかあ……230
があがあ……230
ガーガー……222
カーテンをあける……111
カーテンをしめる……111
カードをきる……56
カードをくばる……56
カーブした……221
かいがらをひろう……95
かいけいする……89
かいさつをとおる……85
かいすいよくへいく……94
かいだんからおちる……105
かいだんをあがる……181
かいてんする……216
かう（飼う）……70, 71
かう（買う）……47, 85, 86, 88, 89
　かえない……89, 347
　かってあげる……88
　かわない……89
かえす……140, 164, 165
　かえさない……165
　かえしてもらう……165
かえる……71, 192
かえる（帰る）…45, 46, 51, 192, 359
　かえってくる……18, 45
　かえってしまう……305
かえる（替える）……192
かえる（代える）……192
かえる（変える）……192
かえる（換える）……192
がおーがおー……231
かおをあらう……14
かおをふく……14
かかえる……139
がががが……232
かがみにうつる……193
かがみをみる……15
かがむ……123, 347

かがやく……266, 408
かかる（掛かる）……96, 184, 185, 359
かかる（架かる）……113
かきまぜる……20
かぎをかける……185
かく（書く）……109, 157, 178, 189
かく（掻く）……102, 123, 141, 259, 381
かく（描く）……58, 75, 381
かぐ……144
がくがくする……310
かくす……56, 100, 174
かくれる……63, 174, 364
かける（駆ける）……126, 127, 184
　かけおりる……126
　かけのぼる……126
　かけまわる……98, 126
　かけよる……127
かける（掛ける）……17, 24, 26, 28, 29, 38, 48, 52, 53, 81, 90, 101, 184, 185, 279, 359, 373
　かけすぎて……238, 239
かける（欠ける）……104, 185
かける（架ける）……184
かげる……113
かげをふむ……128
かげんをみる……38
かこむ……92, 264
がさがさ……223, 227
　がさがさの……254
かざす……141
かさねる……26, 36
　かさねあわせる……52
かざる……370
かさをさす……112
かしこい……315, 321
かじる……23
かじをとる……95, 179
かす……164, 165
　かさない……165
カスタネットをたたく……72
かぜがうつる……193
かぜがふきこむ……115
かぜがふく……114, 115, 382
かぜをうつす……193
かぜをひく……102, 189, 380
かぞくができる……147
かぞくとすむ……195
かたい……262
　かたくなった……262
がたがた……226, 283
　がたがたした……283
　がたがたと……283
かたがみをつくる……52
かたづける……36, 183, 278
かたにさげる……183
かたにのせる……70
かたまる……391
かたむく……173
かためる……63, 262, 390
かためをかくす……100
かたる……154
かたをたたく……403
かたをぬく……20
がたんごとん……233
かちかち……262, 263
　かちかちに……262
がちがち……263
ガチャーン……224
かちゃかちゃ……263
がちゃがちゃ……222, 223, 225
がちゃんと……262
かちんかちんに……262
かちんこちんに……263
かちんこちんになる……263
がっかりする……333
がっきをひく……72
かつぐ……139
かなう……157
かなしい……152, 304, 305
　かなしくて……152
カヌーをこぐ……96
かねをつく……187
がびょうがささる……105
かぶせる……69, 184
かぶる……75, 89
かべにかける……184
かまえる……65
がまんする……107, 108, 306
　がまんして……306
かみがいる……194
がみがみ……228
かみなりがおちる……113
かみなりがひかる……408
かみなりになる……113
かみをあらう……39
かみをちぎる……74
かみをふく……40
かみをむすぶ……137
かむ……23, 32, 149
　かまれる……104
　かみつく……104
ガムをふむ……128
かもしれない……375
がやがや……228, 233
かゆい……242, 243
から（助詞）……372
からい……238, 239
がらがら……281
からだがつよい……356
からだがよわい……356
からだをあらう……39
からだをつつむ……137
からだをふく……40
からっぽの……280
からんからん……226
かりる……164, 165
かる……68, 69, 93
　かられる……93
かるい……348, 349
　かるくなる……349
カルタをとる……178
かれる……118
かわいい……246, 247, 250
　かわいがる……71
かわいそう……305, 332
かわかす……41
かわがながれる……99
かわく……25, 27
かわであそぶ……96, 97
かわる……118, 192
かわをむく……34
かんがえる……158, 401
かんがえをいいあう……79
かんがえをいう……79
ガンガン……232
かんさつする……177
かんじゃをみる……177
かんしんがうすい……351
かんじる……158
かんたん……324
　かんたんな……349
がんばる……66, 67
　がんばって……307
かんびょうする……102

き・キ

きいろい……204, 205
　きいろ……214, 215
きえる……186, 385, 391
　きえない……385
きおんがたかい……347
きおんがひくい……347
きおんをはかる……143
きがあう……160, 380
きがきく……161
きがきでない……313
きがちる……160
きがつく……161, 187
きがみじかい……160
きく……60, 91, 155
　きいていない……155
　きかない……155
　ききとる……155
　ききまちがえる……155
　きこえる……98, 155
きく（気が）……161
きけんな……299
　きけんだ……299
ぎこぎこ……229
ぎざぎざの……221
きざむ……34
きじをこねる……20
きじをのばす……20
きずができる……104, 196
キスをする……135
ギターをひく……73
きちきちに……279
きちんと……278, 279
きつい……248, 249
ぎっしりと……280
きっちりと……279
きっぷをかう……85
きっぷをとおす……85
きにいる……88, 160
きにする……101, 160, 389
きにとまる……145
きになる……160
きにのぼる……398
きのはがゆれる……114
きばをむく……144
きびしい……307
きぶんがわるい……323
きまりがわるい……309
きまる……79
　きめられた……78
きみがわるい……310
きみどりいろの……206, 207
　きみどり……214
きみをぬる……21
きもちがいい……320
きもちがわるい……320
きものをきる……16
ぎゅうぎゅう……281
きゅうくつな……248
きょういをはかる……100
きょうみがない……351
きょうみをもつ……327
きょとんとする……318
きょりをはかる……142
きょろきょろ……287
きらい……336
きらきら……266
きらりと……266
きりきり……245
きる（切る）……34, 49, 52, 56, 75, 104, 345, 351, 384
　きらない……384
　きりぬく……75
　きりわける……22
　きれない……384
　きれる……384
きる（着る）……16, 17, 41, 351
　きがえる……40, 41, 192
　きせてもらう……41
　きせる……41, 54
　きない……16, 351
きれいな……270, 271
　きれいだ……158
　きれいに……271
きれいになる……24
きをうえる……69
きをうしなう……161
きをつけてね……51
きをつける……160
きをとられる……160
きをひく……161
きんちょうする……181, 313

く・ク

ぐあいがわるい……323
ぐうぐう……229
くぎをうつ……403
くぐる……67, 129
くさがはえる……68
くさばなをそだてる……68
くさをたべる……93
くさをぬく……68
くさをはこぶ……92
くしゃくしゃに……275
　くしゃくしゃの……274, 275
くしゃみをする……103
ぐしょぐしょ……259
ぐしょぐしょの……259
くじをひく……188
くすくす……228
ぐずぐず……288
くすぐる……243
　くすぐったい……243
くずす……54, 123, 172
くすりをこねる……108
くすりをぬる……107
くすりをのむ……102, 306

くずれる……54, 172
くたくた……284, 285
ください……368, 369
くちぐせがでる……190
くちびるをかむ……149
くちべにをぬる……15
ぐちゃぐちゃに……259
ぐちゃっと……259
ぐちょっと……259
くちをあける……108, 149
くちをつぐむ……149
くちをとがらす……149
くちをとじる……149
くちをゆすぐ……19
ぐつぐつ……225
くつしたをはく……17
ぐったり……285
くっつく……260
くつひもをむすぶ……407
くつをだす……88
くつをはく……383
くつをみがく……30
くねくねした……221
くばる……22, 56
くびわをつける……70
くびをのばす……145
くべつする……176
くむ（汲む）……39, 69
くむ（組む）……123
くもがうかぶ……99, 116
くもる……113
くやしがる……333
　くやしくて……152
くよくよする……333
くらい……351, 353
　くらくて……310
　くらくなる……110
ぐらぐら……54, 282
　ぐらぐらした……282, 283
　ぐらぐらする……282
　ぐらぐらと……282
くらす……195
くらべる……143
くる……387
くるくる……264, 265
ぐるぐる……264
　ぐるぐるに……264
くるしい……306, 307
ぐるっと……264
くるまがとおる……127
くるまにのる……55
くるまにひかれる……189
くるまる……137
くるむ……137
くるりと……265
ぐるんと……264
クレヨンでぬる……58
クレヨンをおる……59
くろい……212
　くろ……214
　くろく……213
　くろくなる……213
　まっくろな……212, 213
くわえる……71
くわえる（加える）……20, 189
くんくん……291

け・ケ

けいかくをかんがえる……401
けいとをあむ……53
ケーキがある……194
ケーキをえらぶ……87
ケーキをならべる……86
ゲームをする……56
けがをする……104
けしょうをする……15
けす……186, 353, 391
けづくろいをする……144
けっこんする……147
けっしんする……159
げらげら……228
ける……128
　けとばす……130, 168
けれど……197, 376, 377
けろけろ……231
けをかられる……93
けをかる……93
けをさかだてる……144
けんかをする……76, 77
けんかをとめる……77
げんかんをはく……30, 383
げんきがでる……190
げんきな……316
げんきのない……319
けんこうな……316
げんをおさえる……73

こ・コ

こい……353
こうえんであそぶ……62
こうかんする……192
こうさくをする……74
こうたいする……192
こうつうせいりをする……81
こうようする……118
こえをあげる……180
こえをかける……185
こえをそろえる……72
こおる……114, 119, 262
ゴールする……66
こがす……35
こぐ……63, 80, 96
ごくごく……224
ごくろうさま……167
ごくろうさまです……47, 166
こげくさい……239
こけこっこー……230
こげる……35
ここ（代名詞）……379
こころがいたむ……305
こころがせまい……355
こころがはずむ……313
こころがひろい……355
こころぼそい……304
こしかける……123
こする……39, 402
こたえる……98, 269
こたえをかんがえる……401
こだまがきこえる……98
こだまがこたえる……98
ごちそうさまでした……51, 395
ごちそうする……51
ごちそうになる……51
ごちゃごちゃ……276, 277
　ごちゃごちゃに……276
こちんこちんだ……262
ごつごつした……263
ごつんと……263
ことりをかう……70
こない……387
こねる……20, 63, 108
この……378
このはがまう……114
ごはんができる……196
ごはんのよういをする……30
ごはんをたく……34
ごはんをたべる……32
ごはんをつくる……34
ごはんをもる……32, 383
こぶができる……105
こぼす……152, 172
こぼれる……59, 92, 172
こほんこほん……228
こまる……171
　こまった……318
コマをすすめる……57
ごまをする……388
ごみをすてる……28, 36
ごみをひろう……29
こむ……294
こめをとぐ……34
ごめんなさい……47, 48, 77, 159, 314, 394
これ（代名詞）……378
ころがす……57, 133, 392
ころがる……64, 133, 392
ころころ……222, 224
ごろごろ……224, 227
ごろごろする……244
ころぶ……66, 127
　ころんだ……309
こわい……310, 311
　こわがらせる……311
　こわがりな……317
　こわがる……311
こわいかおをする……311
こわす……103, 173
　こわしている……120
こわれる……173
　こわれて……305
こんでいる……360
こんにちは……45, 46, 49, 50, 395

さ・サ

ざあざあ……226, 227
ザーザー……113
サイコロをふる……57
サイズがあう……88
サイズがあわない……88
さえずる……145
さかあがりができる……197
さがす……57, 64, 74, 89, 174
さかだてる……144
さかながいる……397
さかながつれる……96
さかなをおう……97
さかなをかう……71
さかなをつる……96
さかなをとる……179
さがる（下がる）……85, 114, 182, 362, 364
さく……116
さくでかこむ……92
さくらいろの……208
さけぶ……180
さげる（提げる）……183
さげる（下げる）……30, 180, 182, 183, 399
さす（刺す）……32, 52
　ささる……105
　さされて……244
　さされる……105
さす（差す）……112, 113
さす（指す）……100, 140
さする……106
さそう……63
　さそわれて……300
さっさと……288
さびしい（さみしい）……304
さます……13, 116
さむい……297, 347, 377
　さむくなる……119
さむけがする……103, 389
さめる……240
さようなら……45, 49
さよなら……46, 51, 304, 395
さらさらの……255
ざらざらの……254, 255
　ざらざらした……255
　ざらざらする……255
さらをはこぶ……36
さわがしい……315
ざわざわ……228
さわる……134
さわる（しゃくに）……153
さんかくの……217, 218, 219
さんせいする……79
ざんねんだ……333
さんぽする……125
さんぽにつれていく……70

し・シ

しあわせ……339
　しあわせだ……338, 339
しー……229
しーん……232
じーんと……245
しおからい……238
しおをかける……185
しおをふく……382
しかくい……218, 219, 220
　ましかくの……219
しがみつく……134
しかる……153, 163
　しかられる……163, 295
じかんがかかる……359
じかんをかける……359
じかんをはかる……142
しきをあげる……181
しきをとる……73, 179
しく……55

しくしく……152
じくじく……244
しくむ……185
しげる……117
しずかな……232
　しずかだ……304
しずくがおちる……112
しずくがたれる……112
しずむ……111, 348
しせいがいい……321
しせいがわるい……321
〜しそうだ……375
した……362, 363
したにおろす……363
したにさがる……362
したをだす……149
しっかりと……279
しつこい……315
じっとする……289
しっぷをはる……107
しっぽをふる……144, 301
〜してあげる……88, 92, 93
〜してほしい……375
〜してみたい……375
〜してもいい……340
〜してもらう……24, 41, 60, 91, 92, 93, 106, 165
じてんしゃをこぐ……80
しなものをひろげる……355
〜しにくい……125
しぬ……146
　しんで……305
しばる……137, 264, 281, 407
しばをかる……68
しぶい……239
しぶきがあがる……112
しぼる……21, 24, 28, 38, 93
　しぼりだす……59
しまう……26, 37
しまにつくだろう……120
じめじめする……113
しめる……15, 16, 82, 110, 111, 136, 185, 279, 410
しもがおりる……115
しもばしらがたつ……115
じゃーじゃー……225
じゃぐちをひねる……69
しゃくにさわる……153
しゃしんにうつる……193
しゃしんをうつす……193
しゃしんをとる……178
シャツをきる……17
しゃべる……154
じゃれあう……144
シャワーをあびる……39
シュー……222
じゅーっ……225
じゆうにあそぶ……339
しゅつじょうする……191
しゅっぱつする……191
じゅんばんにならぶ……101
じゅんばんをまつ……57, 62, 65, 106
しょうかいする……46
　しょうかいされる……46
しょうじきな……314
じょうずに……132, 325
しょうどくする……107, 109
じょうぶだ……316, 356
　じょうぶでない……356
しょうゆがいる……194
しょくじをとる……178
しょっきをさげる……30, 183
しょっきをならべる……30
しょっぱい……238
しょんぼりする……333
しらべる……164, 177, 188
じりじり……117
しりもちをつく……67, 132
しりょくをはかる……100
ジリリリ……222
しろい……212
　しろ……214
　まっしろな……212, 213
じろじろ……287
しわをのばす……24, 26, 275
しわをよせる……148
しんさつけんをだす……106
しんさつする……177
しんじる……156
しんせつな……314
　しんせつに……314, 322
しんせつにする……322
しんせん……357
しんたいけんさをする……100
しんちょうをはかる……101
しんぱいごとがある……194
しんぱいする……102, 159, 160, 313, 332
　しんぱいそうな……319
　しんぱいだ……332
シンバルをうつ……73
しんぶんしをしばる……407
しんぶんにでる……191
しんぶんをとる……31

す・ス

すいかわりをする……94
すいすい……97, 133, 291
すいた……294
すいている……360
すいとる……28
すう……66
すうすう……229
スカートをはく……17
すかすか……280
すき……160, 309, 377
　すきだ……377
　すきな……309
　すきになる……160
ずきずき……244
スキップする……129
スキップをする……301
すきとおる……195
すくう……32, 97
すくない……360, 361
　すくなくなる……361
すごい……294, 295
すごく……294
すこし……351, 360
　すこししか……351, 360
すごろくをする……57
すすぐ……25
すずしい……115
　すずしくなる……118
すすむ……81, 125, 364
すすめる（勧める）……51, 87, 88, 89
すすめる（進める）……57
すする……33
すそをひきずる……249
すそをまくる……16
ずつうがする……103
すっぱい……238, 239
すてきな……246, 247, 250
すてる……28, 36
スピードをあげる……181
すべすべの……254
すべる……63, 132, 133
　すべりおちる……132
　すべりおりる……132, 363
　すべりこむ……64
　すべりだす……133
　すべれない……132, 133
ズボンをはく……16
すました……319
すみをもやす……409
すむ（済む）……195
すむ（澄む）……195
すむ（住む）……195
すもうをとる……179
すやすや……288
すりむく……104
する（気に）……101, 160, 389
する（擦る）……388
する……388, 389
すわる……83, 122, 123, 185, 187
すわりこむ……123
すんぽうをはかる……52

せ・セ

せいざをする……123
せいちょうする……146
セーターをきる……16
せおう……125
せがたかい……316, 346, 383
せがひくい……316, 346
せきがでる……103
せきこむ……103
せきにつく……187
せきをうつる……193
せきをたつ……122
せきをとる……179
せきをゆずる……83
せっせと……288
せなかをながす……39
せのびをする……101
せまい……355
せわをする……31, 93, 177
せをさする……106
せんからでる……191
せんしゅをかえる……192
せんせいにみてもらう……106
せんたくきをまわす……24
せんたくものをあらう……25
せんたくものをたたむ……26
せんたくをする……24
せんろをしく……55
せんをひく……189

そ・ソ

ぞうきんをかける……28
ぞうきんをしぼる……28
そうげんがひろがる……99
そうげんであそぶ……98
そうじきをかける……28
そうじゅうする……179
そうじをする……28
そうだんする……79
ぞくぞくする……103
そこ（代名詞）……379
そこがふかい……352
そこをつく……186
そして（接続詞）……377
そそぐ……22
そだつ……146, 147, 393
そだてる……68, 69, 145, 393
そつえんせいをまねく……405
そっくりな……319
そっと……288
そっぽをむく……153
そでをとおす……17
そと……366
そとにでる……191, 366
その……378
そばだてる……149
そらがはれる……381
そらをみあげる……176
そる……15
そろいの……251
そろう……56
そろえる……72, 278
そろそろ……133, 288
ぞろぞろ……290
そわそわする……312

た・タ

たいおんけいをはさむ……406
たいおんをはかる……143
だいきらい……337
たいくつだ……328
だいけいの……218
たいこをたたく……73
だいじな……334
たいじゅうけいにのる……101
たいじゅうをはかる……101, 143
だいじょうぶ……332
だいすき……336, 337
　だいすきだ……336
　だいすきな……336, 337
たいせつな……334, 335
　たいせつに……334
たいせつにする……334
たいそうする……66
だいだいいろの……210
　だいだい……214, 215
たいへん……293, 296, 297
　たいへんだ……296, 297
たいへんよくできました……296
たいらにする……221
だえんの……221
たおす……172
たおれる……172
たかい……310, 316, 346, 347, 383

たかく……347
たかさをくらべる……143
だから（接続詞）……376
たきぎをしばる……407
たく……34
たける……34
だく……54, 71, 134
だきあう……135
だきあげる……135
だきしめる……135
だきつく……135
たくさん……351, 360
タクシーをよぶ……405
たくましい……316
たこがあがる……181
たこをあげる……181
たす……189
だす……38, 88, 90, 91, 93, 102, 106, 149, 181, 393
だされる……90, 91
たすかる……170, 171
たすける……94, 170, 171
たすけをよぶ……171
たずねる……46, 48, 50, 155
ただいま……18, 45, 253, 394
たたく……72, 73, 403
たたいて……301
ただしい……321
たたむ……26, 27, 30, 278
たたんでいない……278
たつ（立つ）……83, 115, 122, 145
たちあがる……122, 289
たちくらむ……122
たちどまる……122
たちのぼる……122
たつ（建つ）……196
たつ（裁つ）……52
たづなをひく……93
たてる……95, 122, 153
たねができる……196
たねをまく……69, 383
たのしい……302, 303, 327, 339
たのしく……303
たのしくて……303
たのしそうな……319
たのしむ……303
たのむ……157
たびをはく……16
だぶだぶの……249
たべものがはこばれる……90
たべものをはこぶ……91
たべる……22, 23, 32, 33, 78, 93, 178, 360, 364
たべおわる……33
たべさせる……33
たべすぎた……120
たべた……364
たべちらかす……33
たべている……339
たべのこす……33
たべられない……23
たまごがうまれる……71
たまごがかえる……192
たまごをあたためる……71
たまごをうむ……71
たまごをわる……20
だまる……154
ためいきをつく……186
たらす……96
だらだら……288
だらりとした……281
たれる……112
～だろう……120, 374, 375
たわしでこする……402
タンバリンをたたく……72

ち・チ

ちいさい……342, 343
ちいさくなる……343
ちいさすぎて……248
ちいさな……343
チーン……224
ちかい……292, 354
ちかくに……195
ちかくの……354
ちかづく……354
ちかづける……354
ちがでる……104, 190
ちからがつく……187
ちからがつよい……356
ちからがよわい……356
ちからもちな……317
ちぎる……34, 74
ちくちく……245
ちくちくする……243
ちくっと……245
ちくりと……244
ちちがでる……93
ちちをしぼる……93
ちちをだす……93
ちちをのむ……144
ちちをやる……144
ちぢんだ……249
ちゃいろい……209
ちゃいろ……214
チャックがついている……364
ちゃりん……223
ちゅうい……299
ちゅういする……160
ちゅうしゃをうつ……107
ちゅうちゅう……230
ちゅうもんする……91
ちゅうもんをとる……178
ちゅんちゅん……231
ちょうしがわるい……323
ちょうじょうにつく……404
ちょうちょうがまう……116
ちょうど……249, 322
ちょうどいい……322
ちょうどよい……249
ちょきちょき……223
ちょろちょろ……288, 289
ちる……160, 272
ちんちん……225

つ・ツ

ついていく……364
ついでもらう……91
ついばむ……71
つえをつく……169, 186
つかむ……140, 141
つかまえる……62, 99, 179
つかまる……62, 82
つかる……38
つきがかける……185
つきがでる……111, 191
つきそう……106
つぎをあてる……53
つく……67, 132, 186, 187
つく（着く）……186, 187, 404
つくだろう……120
つく（点く）……186, 391
つく（付く）……161, 186, 187, 260, 261, 391
ついている……364
つく（就く）……187
つく（突く）……107, 168, 169, 186, 187
つきさrange……169
つきとおす……168
つきとばす……168
つきやぶる……168
つっこむ……168
つぐ……91
つくえからおろす……399
つぐむ……149
つくる……20, 34, 52, 53, 99
つくった……372
つくられた……372
つくろう……53
つける（点ける）……186, 353, 391
つける（付ける）…53, 58, 70, 160, 391
つたえる……359
つちをかぶせる……69
つちをはこぶ……68
つつく……169
つつかれる……169
つつむ……136, 137
つつみこむ……137
つなぐ……49, 55, 63, 75, 85, 87, 137, 141
つなをひく……67, 188, 380
つねる……148
つぶす……172, 220
つぶれる……172, 220, 259
つまずく……63, 129
つまむ……148, 406
つまらない……328, 329
つむ（積む）……54, 138
つみあげる……138
つみこむ……138
つむ（摘む）……99, 141
つめたい……240, 241
つめる……136, 279
つめをとぐ……144
つもる……114
つよい……117, 356, 377
つよく……157
つよくなる……187
つらい……305, 306, 307
つらくて……307
つらなる……98
つららがさがる……114
つりあげる……148
つりをする……96
つる……96
つれた……360
つれない……96, 360
つれる……96
つるす……184
つるっと……133
つるつるの……254, 255
つるつるした……255
つれていく……70
つんつるてん……249

て・テ

で（助詞）……372
てあてをする……71
テーブルをふく……30, 382
テープをもつ……66
でかける……18, 44, 110
てがすべる……132
てがつめたい……241
できる……53, 104, 105, 147, 196, 197, 315, 358
できあがる……21
できた……196, 372
できない……196, 197
できました……296
できるのだろう……331
でこぼこの……221, 283
～です……368, 370
てつだう……30, 171
てにのせる……70
てにのる……70
では……368
でまえをとる……179
でむかえる……18
でも……377
てりつける……117
でる……30, 39, 48, 68, 69, 84, 93, 103, 104, 111, 113, 116, 117, 181, 190, 191, 259, 366, 392
でた……120
でたくない……340
てるてるぼうずにたのむ……157
てれくさい……308
てれた……319
テレビにうつる……193
テレビをみる……177, 303
てわたす……166
てをあげる……81, 180, 382
てをあらう……19, 109
てをつなぐ……63, 85, 87, 141
てをとる……178
てをはなす……381
てをひく……80, 188
てをふく……91
てをふる……381
てんきがいい……320
でんきがつく……186
てんきがわるい……320
でんきをけす……353
てんきをしんぱいする……332
でんきをつける……186, 353
でんしゃにのる……84
でんしゃをつなぐ……55
でんちゅうにぶつかる……105
テントをはる……99
てんぷらがあがる……180
てんぷらをあげる……180, 382

でんわがなる……48
でんわではなす……381
でんわにでる……30, 48
でんわをかける……48, 184
でんわをきる……49
でんわをする……48, 49
でんわをつなぐ……49
でんわをとる……30

と・ト

と（助詞）……368, 372, 373
ドアをたたく……403
トイレにいく……14
どういたしまして……47
どうぞ……51, 83, 395
とうちゃくする……186
どうぶつのせわをする……31
どうぶつをかう……70
とうみんする……119
どうもありがとう……171
どうろであそぶ……299
とおい……354
　とおざかる……354
とおくをみる……354
とおす……17, 50, 52, 85, 127, 180
　とおさない……127
とおる……85, 127
　とおりすぎる……127
　とおりぬける……127
　とおれない……127
とかいにくらす……195
とかす……41
とかす（溶かす）……390
とがらす……149
どきっとする……313
どきどきする……312, 313
とぐ……34, 144
とくいげに……151
とけいがとまる……380
とげがささる……105
とける……115, 116, 390
どこ（代名詞）……379
どこか……379
とこにつく……187
としうえの……363
とししたの……363
としとった……357
とじる……136, 148, 149, 410
としをとる……147
どすんどすん……229
とつぜん……113
とつぜんふる……113
とても……294, 295, 296, 297
とどく……166, 404
　とどける……47, 166
どなたですか……49
どなる……153
どの……378
とばす……54, 131
　とばされる……114
とびだしちゅうい……299
とびらがあかない……385
とびらがあく……385
とぶ……62, 130, 265, 273, 347
　とびあがる……131
　とびおりる……131
　とびこえる……67, 130
　とびこむ……131, 145
　とびだす……81
　とびちる……59, 131
　とびつく……64, 130, 131
　とびのる……131
　とびはねる……71, 131
　とびまわる……130
　とべない……386
　とべる……331, 386
とぼとぼ……125
とまる（止まる）……80, 81, 125, 145, 380
とまる（泊まる）……380
とめる……77
ともだちができる……196
ともだちとあう……380
ともだちとあそぶ……78
ともだちとはなす……400
トライアングルをならす……72
ドライブをたのしむ……303
とられる（きを）……160
トランプをする……56
とりがとまる……380
とる（取る）……21, 30, 31, 55, 67, 95, 140, 147, 178, 179
　とりあげる……140
　とりかえる……141
　とりこむ……27
　とりだす……141
　とりもどす……140
　とりわける……33
　とれる……196
とる（撮る）……178, 193
とる（執る）……73, 179
とる（盗る）……179
とる（捕る）……64, 99, 178, 179
　とれなくて……329
どろがつく……186
どろだらけになる……256
どろだらけの……257
どろどろの……256, 257
どろんこで……256
どろんこの……256, 257
ドン……226
とんとん……225, 228
トントン……222
どんどん……228
ドンドン……222

な・ナ

ない……174, 194
なおす（治す）……108
なおす（直す）……53
なおるだろう……120
なか……366, 367
ながい……344, 345
　ながく……345
　ながすぎる……249
なかがいい……160, 320
なかがわるい……320
ながさをはかる……142
ながしかくの……219
ながす……37, 39
なかなおりする……76
なかにはいる……366
ながめる……176
ながもちする……322
なかよく……63, 77
　なかよくしている……339
ながれる……38, 99, 111
なく……76, 107, 108, 152
　ないた……318
　なかない……107, 108
　なきさけぶ……152
　なきむしな……317
　なきわめく……152
なくす……174
なくなる（亡くなる）……146
なくなる（無くなる）……186
なくなる（いしきが）……161
なげる……55, 65, 67
なぞる……193
なだめる……77
なつく……93
　なつかれる……93
なつになる……117
なでる……92, 134, 402
なにもない……194
なのる……48
なびく……273
ナプキンをかける……90
なふだをさげる……183
なまえをいう……400
なまえをたずねる……48
なまえをよばれる……106
なまえをよぶ……106
なまぬるい……240
なみがひく……189
なみがよせる……94
なみだがでる……190
なみだぐむ……152
なみだをこぼす……152
なめる……23
ならす……72, 185, 187
ならぶ……66, 87, 101
ならべる……30, 54, 86, 278, 279
なりたい……158, 343
なる（成る）……118, 263
なる（鳴る）……48, 263
なる（気に）……160
なわとびをする……62
なわにはいる……62

に・ニ

に（助詞）……368, 370, 372, 373
にあう……88, 89, 384
　にあわない……384
においをかぐ……144
にがい……239
にかいにあがる……398
にがす……97
にぎやか……233
にぎる……55, 140, 141
にげる……62
にこにこする……150
にじがかかる……113
にじがでる……113
にじむ……59
にたつ……282
にっこり……150
にている……251
には……370, 373
にも……369
にもつをおろす……399
にもつをさげる……183
にもつをひく……189
にもつをみはる……176
にもつをわける……349
にゃあにゃあ……231
にゅうどうぐもがでる……117
にょろにょろ……290
にらむ……176, 294
にる……35
にわかあめがふる……113

ぬ・ヌ

ぬう……52
ぬく……20, 68, 108
ぬぐ……16, 178
ぬくもる……38
ぬすむ……179
ぬのがうすい……382
ぬのをたつ……52
ぬる……15, 21, 58, 59, 107, 189, 213, 372
ぬるい……240
ぬるっとした……261
ぬるぬるした……261
　ぬるぬるする……261
ぬれる……112, 258
　ぬれている……24, 40

ね・ネ

ねがいをかく……157
ねがう……156, 157, 158
ネクタイをしめる……15
ねころがる……99
ねじる……74, 220
　ねじれた……220
　ねじれる……74, 220
ねそべる……99
ねだる……88
ねだんがさがる……182
ねだんがたかい……347, 383
ねだんがやすい……347
ねだんをさげる……182
ねだんをみる……89
ねつがあがる……103
ねつがさがる……182
ねつがでる……190
ねつをだす……102
ねつをはかる……103
ねる……42, 43, 45, 111, 187
　ねむらない……386
　ねむる……43, 386
　ねむれない……386
　ねむれる……386
ねんがじょうがとどく……404

の・ノ

の（助詞）……370, 371
のこす……360
　のこさず……78

のこっている……194
のこのこ……285
のこる……411
のせる……70
のせてあげる……92
のせてもらう……92
のせない……92
のぞく……56, 176
のそのそ……290
のぞみがかなう……157
のぞむ……156
のっしのっし……125, 290, 291
のどがはれる……103
のばす……20, 24, 26, 66, 74, 145, 275, 345, 362, 390
のびのびする……287
のびる……347, 390
のぼせる……38
のぼる（昇る）……12, 111
のぼる（上る）……63, 80, 363, 398
のぼる（登る）……398
のむ……23, 102, 144, 306
のみこむ……23
のみほす……23
のる（載る）……191
のる（乗る）……55, 63, 70, 82, 83, 84, 93, 101
のりこむ……83
のれない……92, 387
のれる……300, 325, 387
のろい……358
のろのろ……289, 290
のろのろと……289
のんびり……124, 288, 289

は・ハ

は（助詞）……368, 369, 370, 372, 373
はあはあ……284
ハーモニカをふく……72
バイオリンをひく……73, 188
はいしゃさんへいく……108, 109
はいる……38, 55, 62, 84, 366
はいっていない……194
はいっている……194
はいらない……248
はう……124
はえる……68
はおる……17
はがおちる……118
はがかける……104
はがかれる……118
はがしげる……117
はかる（計る）……142
はかる（測る）……52, 100, 101, 103, 142, 143
はかる（量る）……20, 86, 142
はきはきと……269
はく（掃く）……29, 30, 383
はく（吐く）……66
はく（履く）……16, 17, 41, 383
はかない……41
はこにうつす……193
はこぶ……30, 36, 68, 91, 92, 138, 139
はこばれる……90
はこびこむ……138
はこびだす……139
はさむ……33, 406
はしではさむ……33
はじめまして……46
ばしゃばしゃ……227
パジャマにきがえる……40, 41
はしる……65, 66, 80, 81, 126, 127, 184
はしらせる……126
はしりだす……126
はしりぬく……66, 307
はしれない……127
はしをかける……184
はずかしい……308, 309
はずかしがる……309
バスがでる……191
はずす……17, 101, 178
バスにのる……82
はずませる……187
はずむ……313
パズルをする……57
はずれる……72
はたきをかける……29
ぱたぱた……224, 226, 227, 228, 291
はたらく……288, 314
はたをあげる……67, 85
はたをもつ……66
はだをやく……409
ばたん（バタン）……224, 226
ハチにさされる……105
ぱちぱち……229
パチン……223
はっきりと……268, 269
ぱっちりと……269
バットをふる……65
はでな……250
バトンをおとす……67
はながさく……116
はなしあう……79
はなしをきく……155
はなしをする……49
はなす（放す）……93, 381
はなす（離す）……381
はなす（話す）……154, 381, 400
はなのせわをする……31
はなびがあがる……180
はなびたいかいがある……397
はなびをあげる……180
はなみずがでる……103, 190
はなわをつくる……99
はなをつまむ……148
はなをつむ……99
はにかむ……309
はねる……96, 131
はばたく……130, 145
はみだす……58
はめる……57
はめこむ……57
はやい……358, 359
はやく……124, 358, 359
はやくなる……359
はやおきする……359
はやさをくらべる……143
はらう……86
パラソルをたてる……95
はらはらする……313
ばらばらの……276, 277
はらをたてる……153
バランスをとる……67, 95
はりかえる……29
ばりばり……228
はりをさす……52
はる（貼る）……74, 75, 107
はる（張る）……99, 100
はるかぜがふく……116
はるになる……116
はれる（腫れる）……103, 105, 109, 381
はれる（晴れる）……113, 158, 381
はをぬく……108
はをみがく……15
ハンカチをひろげる……136
はんたいする……79
パンツをはく……41
ハンドルをにぎる……55
ばんをする……176
パンをやく……409

ひ・ヒ

ピアノがある……194
ピアノをひく……73
ピーッ……232
ピーポーピーポー……233
ピーンポーン……222
ひえこむ……119
ひがあたる……116
ひがかげる……113
ひがさす……113
ひがしずむ……111
ぴかっ……227
ぴかっと……267
ひがてりつける……117
ひがのぼる……12, 111
ぴかぴか……266, 267
ぴかぴかに……267
ぴかぴかの……250, 267
ひかる……266, 267, 408
ひかれる……189
ひきだしをしめる……410
ひく（引く）……56, 67, 73, 80, 93, 94, 96, 102, 161, 182, 188, 189, 380
ひいて……329
ひいている……376
ひきあげる……96, 171
ひきずられる……67
ひきずる……129, 249
ひく（弾く）……72, 73, 188
ひくい……316, 346, 347
ひくく……347
ぴくぴくする……310
ひげをそる……15
ひざまずく……123
ひざをたてる……122
ひしがたの……221
ぴしゃぴしゃ……227
びしょぬれになる……258
びしょびしょ……258
びしょびしょに……258
びしょびしょの……258
ひじをつく……186
ひそひそ……229
ひたす……25
ぴちゃん……290
ピッ……223
ひっかく……104
ひっかかれる……104
ひっくりかえす……59
ひっくりかえる……59
びっくりする……388
びっくりした……318
ひっこす……193, 195
びっしょりと……259
びっしり……280
ひつじをはなす……93
ひっそり……233
ぴったり……248, 322
ぴったりした……248
ひっぱる……140, 189
ひつようだ……194
ひどい……294, 295
ひどく……295
ひとがいない……194
ひとがいる……194, 397
ひとがおおい……360
ひとがすくない……360
ひとつあまる……411
ひとつつまむ……406
ひとりですむ……195
ひとりでよめる……61
ひながかえる……71
ひなたぼっこをする……116
ひにあたる……69
ひにあてる……69
ひにちをかえる……192
ひにやく……95
ひにやける……117
ひねる……69
ひひーん……231
ひもをまく……220
ひやす……102
ひやっとする……241
ひやひやする……313
びゅうびゅう……226
ひょい……290
ひょいひょい……290
びょういんへいく……106
びょうきになる……102
ひょうしをとる……179
ぴよぴよ……230
ぴょん……291
ぴょんぴょん……291
ひらく……140
ひらひら……272, 273
ひらひらした……272
ピリッ……223
ひりひり……245
ひりひりする……244
ひりょうをやる……68
ひろい……355
ひろがる……99
ひろげる……136, 355
ひろう……29, 67, 95
ピンクいろの……208
ピンク……214

ふ・フ

ファスナーをあげる……17
ぶーぶー……230
ブーブー……232
ブーン……225, 233
ふえる……361
ふえをふく……73
ふかい……352
ふかす……35
ぷかぷか……273
ふかふかの……252, 253
ぶかぶかの……248
ふく（拭く）……14, 28, 29, 30, 37, 40, 91, 382
　ふかない（拭かない）……40
ふく（吹く）……72, 73, 114, 115, 116, 118, 325, 382
　ふきこむ……115
　ふきだす……150
　ふきつける……114
　ふけない……325
ふくがあう……380
ふくができる……53
ふくはうち……366
ふくらます……149
ふくろにいれる……86, 89
ふくをあげる……106
ふくをかえる……192
ふくをかける……184
ふくをきせる……54
ふくをきる……16, 17
ふくをたたむ……30
ふくをつくる……53
ふさぐ……148
ふざける……314
ふじいろの……211
ふしぎだ……331
　ふしぎな……330, 331
　ふしぎに……330, 331
ふせる……98
ふたをあける……381
ふたをしめる……136
ふたをする……136
ふたをとじる……136
ぶつかる……105, 168, 169, 263
ぶつける……105, 169
ぶつぶつの……254
ふとい……350
　ふとった……316
　ふとっている……350
ぶどういろの……211
ふとんをかける……184
ふとんをほす……25
ぶひんをかえる……192
ふぶく……115
ふべんだ……292
ふまじめな……314
ふむ……65, 128, 129
　ふみあらす……129
　ふみかためる……128
　ふみきる……128
　ふみつぶす……172
　ふみはずす……67, 129
ふゆになる……119
ぶらさがる……145
フラッシュがひかる……408
ふらふら……284
ぶらぶら……289
ブランコにのる……63
ふりむく……265
ふる（降る）……112, 113, 114, 119, 381
　ふってきた……376
　ふりだす……113
　ふりつづく……113
　ふりはじめる……113
　ふりやむ……113
ふる（振る）……57, 65, 67, 144, 301, 381
ふるい……357
フルートをふく……73
ふるえる……283, 311
ブレーキをかける……81, 185
プレゼントをあげる……180, 382
ふわふわ……272, 273
　ふわふわの……272
ふんばる……129
ぶんりょうをはかる……20

へ・ヘ

へいき……332
ベースをふむ……65
ぺこぺこ……287
ぺしゃんこになる……220
ぺたっと……261
べたべた……260
　べたべたする……261
へたをとる……21
ぺちゃくちゃ……229
べったり……286
べっとり……260
へとへと……285
べとべとした……260
　べとべとに……260
べとべとになる……260
へなへな……285
へらす……189
へる……349, 361
ベルトをしめる……16
ぺろぺろ……228, 291
ベンチにかける……185
へんな……251, 318
べんりな……292, 293
　べんりだ……292, 293

ほ・ホ

ぼうしをかぶる……89
ぼうしをとる……178
ほうせきがかがやく……408
ほうたいをまく……107
ほえる……145
ほーほけきょ……230
ホームにはいる……84
ホームランをうつ……403
ホームをでる……84
ほおをあからめる……200
ほおをつねる……148
ほおをふくらます……149
ボーンボーン……223
ぽかぽかする……116
　ぽかぽかと……240
ほかほかの……240
ぼきっ……227
ぼくじょうへいく……92
ほころびをつくろう……53
ほしい……368, 369, 375
　ほしがる……89
ほしがながれる……111
ほしがみえる……176
ほす……24, 25
ほそい……350
　ほそめる……148
ぽたぽた……224
ボタンをおす……82
ボタンをかける……17
ボタンをつける……53
ぼちゃん……226
ぽつぽつ……113
ホテルにとまる……380
ほどうをあるく……80
ほねをおる……107
ほほえむ……150
ほめる……162
　ほめられて……300, 308
　ほめられる……162
ぼりぼり……225, 243
ほる……63, 69
ぼろぼろ……152
ぽろぽろ……152
ぼろぼろの……251
ぼんやり……288
ほんをえらぶ……60
ほんをとじる……410
ほんをとる……178
ほんをよむ……60, 61

ま・マ

まいごになる……88
まいごをさがす……89
まう……114, 116, 130, 273
　まいあがる……130
まえ……309, 364
まえにすすむ……364
まえをあるく……364
まがる……74, 390
　まがった……220
まきをもやす……409
まく（巻く）…107, 220, 264, 265, 383
　まきつく……265
まく（撒く）……68
まく（蒔く）……69, 383
まくらにする……389
まくる……16
まげる……66, 74, 220, 390
まじめに……314
まぜる……59, 259
またがる……92, 123, 129
またぐ……67, 128
まちがえた……48
まちがえました……48
まつ…57, 62, 65, 81, 84, 100, 106
まっすぐな……220, 221
マッチをする……388
まつばづえをつく……107
まどをあけない……385
まどをあける……111, 385
まどをしめる……111
まにあわない……359
まねく……50, 405
　まねかれる……50
まぶす……35
まもる……78
　まもらない……78
まよう……87, 89
まりをつく……187
まるい……216, 217, 221
　まるくする……148
　まるくなる……144, 216
　まるめる……74, 216, 275
まわす……24, 62, 148, 216, 264, 265, 391
まわる……216, 217, 264, 265, 390
マンションにすむ……195
まんなか……367

み・ミ

みーんみーん……231
みえる……176, 268
　みえない……268, 269
みがく……15, 28, 30, 267, 271
みがなる……118
みじかい……160, 344, 345
　みじかく……345
ミシンをかける……52
みずいろの……202, 203
　みずいろ……214
みずがかかる……185
みずがすむ……195
みずがでる……69
みずですすぐ……25
みずにひたす……25
みずをかける……185
みずをきる……34
みずをくむ……69
みずをだす……38
みずをついでもらう……91
みずをつぐ……91
みずをながす……37
みずをまく……68
みずをやる……31, 68, 71
みせができる……196
みせる……165, 176
　みせてもらう……165
　みせない……165
みせをあける……110
みせをしめる……110
みちであう……45
みちる……185
みちをきく……155
みちをわたる……80
みつかる……175
みつける……63, 175
みてもらう……106
みどりいろの……206, 207
　みどり……214, 215
みなとをでた……120
みはる……176
みみがとおい……354
みみをそばだてる……149

みみをふさぐ……148
みられて……309
　みられている……308
みる（診る）……177
みる（見る）……15, 35, 38, 61, 89, 91, 176, 177, 303, 354
　みあげる……176, 362
　みうしなう……176
　みおくる……18, 46, 51
　みおろす……176, 362
　みくらべる……87
　みたい……340
　みつめる……177
　みている……339
　みてはいけない……340
　みとれる……176, 177
　みまわす……176
　みよう……340
　みわける……176
みをふせる……98

む・ム

むかえる……45, 46
むく……34, 144
むく（向く）……153, 362
むしばがいたむ……109
むしばをなおす……108
むしゃむしゃ……291
むしをつまむ……406
むしをとる……99, 178
むす……35
むずかしい……197, 324, 325
むすぶ……136, 137, 279, 407
むずむずする……242
むちゅうになる……303, 326
むねにあてる……106
むねをはる……100
むらさきいろの……211
　むらさき……214, 215
むりな……197

め・メ

めいわくをかける……184
めえめえ……230
めがでる……68, 116, 191
めがねをかける……184
めがねをとる……178
めがねをはずす……101
めがはれる……381
めがまわる……264
めしあがれ……21, 51, 395
めそめそ……228
めだつ……161, 250
メダルがかがやく……408
メニューをみる……91
めにわるい……323
めもりをよむ……100, 101
メモをとる……178
めをあける……269
めをこする……402
めをさます……13, 116
めをちかづける……354
めをつりあげる……148
めをとじる……148, 410
めをほそめる……148
めをまるくする……148
めをまわす……148
めんどうをみる……177

も・モ

も（助詞）……368, 369
もう……127, 323, 332, 357
もうふにくるまる……137
もーもー……231
もくもく……273
もごもご……286
もし……374, 375
もしもし……48, 49
もじもじ……286
もぞもぞ……286, 287
もちあがる……139
もちあげる……139
もちをつく……187
もつ……66, 141, 327
　もっている……194
もっきんをたたく……73
モップをかける……29
もどる……161, 192
ももいろの……208
もやす……409
もらう……87
もりもり……33
もる（盛る）……32, 383
もる（漏る）……383

や・ヤ

やかましい……233
やきゅうをする……64, 65
やく……21, 35, 95, 372, 409
　やきあがる……21
やくそくをする……78
やくそくをまもる……78
やくそくをやぶる……78
やけどをする……104
やける……117
やさいをはさむ……406
やさしい（易しい）……197, 324
やさしい（優しい）……314
やすい……347
　やすくなる……182
やすみをとる……178
やすんだ……376
やせた……316
　やせている……350
やぶる……78, 173
やぶれる……173
やまがつらなる……98
やまにのぼる……398
やめなさい……77
やる……31, 68, 71, 92, 144, 145, 180

ゆ・ユ

ゆう……137
ゆうきがある……315
ゆうびんきょくがある……194
ゆかいだ……303
ゆからあがる……181
ゆきがつもる……114
ゆきがとける……115, 116
ゆきがのこる……411
ゆきがふる……114, 119
ゆすぐ……19
ゆずる……83
ゆっくり……289, 358, 359
ゆでる……35
ゆにつかる……38
ゆびをきる……104
ゆみをひく……73
ゆめをみる……177
ゆるい……248
ゆるす……47, 77
ゆれる……54, 114, 172, 282, 283
ゆをかける……38
ゆをくむ……39

よ・ヨ

よい（いい）…160, 249, 320, 321, 322, 323
　よく……32, 296
よういをする……30
ようじがある……194
ようじがすむ……195
ようすをみる……177
ようちえんにいく……387
ようふくをかう……88
よ（よる）があける……381
よかったね……171
よこぎる……299
よごす……25
よごれがおちる……25
よごれた……24
よじのぼる……145
よせる……94, 148, 189
よそう……33
よそうする……158
よたよた……284
よだれがでる……190
よちよち……125, 284, 291
よってくる……92
ヨットがうかぶ……94
よていをかえる……192
よぶ……50, 91, 106, 171, 405
　よばれる……50, 90, 106
よむ……60, 61, 100, 101
　よみおわるだろう……120
　よみはじめた……120
　よめる……61
　よんでいる……120
　よんでもらう……60
　よんでもらっている……339
よりかかる……135
よりそう……135
よるになる……110
よれよれの……251, 274
よろける……284
よろこぶ……301
　よろこばせる……301
　よろこんで……301
よろしく……46
よろしくおねがいします……46
よろしくね……304
よろよろ……285
よわい……356
　よわよわしい……317

ら・ラ

らくちん……293
　らくに……325
～らしい……375
らんぼうな……315

り・リ

リズムをとる……179
リボンをむすぶ……407
りょうりをする……388
りょうをはかる……142
リレーにでる……191
りんりん……223

る・ル

るすの……49
るすばんをする……31
るるるる……222

れ・レ

レストランへいく……90

ろ・ロ

ろっかくけいの……221
ロボットをうごかす……55

わ・ワ

わあわあ……229
わーんわーん……152, 229, 233
わいわい……229, 233
わかい……357
わかす……35
わがままな……315
わかる……187
わくわくする……313
わける……349
わすれものをおもいだす……159
わたす…67, 87, 141, 166, 167, 184
わたる……80, 81
　わたれば……298
わなにかかる……185
わなにかける……185
わらう……150, 151
　わらいころげる……150, 326
　わらった……318
　わらわせる……150
　わらわない……150
わる……20, 94
　われる……94, 173, 259, 262
わるい…309, 310, 320, 321, 322, 323
わんぱくな……317
わんわん……231

を・ヲ

を（助詞）368, 369, 370, 372, 373